2024 年上海市重点图书

社会治理现代化与社会工作新使命研究书

迈向基层社会治理现代化：“五社联动”的理论与实践

邹学银　主编

華東理工大學出版社
EAST CHINA UNIVERSITY OF SCIENCE AND TECHNOLOGY PRESS
·上海·

图书在版编目(CIP)数据

迈向基层社会治理现代化 ："五社联动"的理论与实践 / 邹学银主编. -- 上海 ：华东理工大学出版社，2024.10. -- ISBN 978-7-5628-7404-1

Ⅰ. D63

中国国家版本馆 CIP 数据核字第 2024V29E15 号

内 容 提 要

本书是一本关于中国社会治理现代化的重要著作。本书以"五社联动"为理论框架，旨在探讨基层社会治理现代化的路径和策略，并提供实践案例作为支持。首先，本书介绍了中国基层社会治理现代化的背景和意义。基层社会治理是中国社会治理体系的重要组成部分，而现代化是中国社会发展的重要目标。因此，基层社会治理现代化对于实现全面建设社会主义现代化国家目标具有重要意义。其次，本书深入阐述了"五社联动"理论的内涵和价值。"五社联动"即社区、社会组织、社会工作者、社区志愿者、社会慈善资源之间的互动与协同，是基层社会治理现代化的重要路径。五个社会主体共同参与社会治理，实现社会治理的现代化和民主化。在实践方面，本书提供了一系列成功的案例，包括城市社区治理、乡村治理、慈善和社会组织发展等，详细介绍了不同地区和行业的"五社联动"实践经验。通过这些案例，读者可以了解"五社联动"在不同背景下的实施方式和效果，并从中获得启示和借鉴。此外，本书还对基层社会治理现代化的挑战和未来发展进行了深入分析。基层社会治理现代化面临着人才培养机制不完善、制度不健全、资源配置较少等问题。同时，本书提出了一些改进措施和建议，以期推动基层社会治理现代化进一步发展。

策划编辑 / 刘　军
责任编辑 / 牟小林
责任校对 / 章斯纯
装帧设计 / 徐　蓉
出版发行 / 华东理工大学出版社有限公司
地址：上海市梅陇路 130 号，200237
电话：021-64250306
网址：www.ecustpress.cn
邮箱：zongbianban@ecustpress.cn
印　刷 / 上海展强印刷有限公司
开　本 / 710 mm×1000 mm　1/16
印　张 / 13.5
字　数 / 187 千字
版　次 / 2024 年 10 月第 1 版
印　次 / 2024 年 10 月第 1 次
定　价 / 88.00 元

本书由腾讯公益慈善基金会资助出版。

本书编委会

主　编

邹学银

副主编

向德平

编委会成员

（按姓氏笔画排序）

万江红　王思斌　田　蓉　吕江蕊
任　敏　苏振榕　李　涛　肖秀梅
徐选国　徐道稳　童　敏

序

“五社联动”的创新与实践逻辑：一个初步分析

“五社联动”是我国基层社会治理领域的新实践、新探索、新模式，下文依据部分地区的实践，对其意义和实践逻辑进行初步分析。

一、“五社联动”提出的背景和意义

（一）从“三社联动”到“五社联动”

从概念上来说，“五社联动”与民政部先前推进的“三社联动”既有一定继承性，又有一些新发展。《民政部 财政部关于加快推进社区社会工作服务的意见》探索建立了以社区为平台、社会组织为载体、社会工作专业人才为支撑的新型社区服务管理机制（“三社联动”）；通过建立健全社区、社会组织和社会工作联动服务机制，扩大社区社会工作服务范围，提升社区社会工作服务层次，创新基层社会管理方式。在民政部的大力推动下，“三社”积极参与，为社区服务、社区建设、社区治理积累了经验。

“五社联动”是社区与社会组织、社会工作者、社区志愿者、社会慈善资源（“五社”）参与疫情防控、解决疫情中民生困难、维护社会秩序的联合干预行动。“五社联动”包含了“三社联动”的基本要素，又将之扩展，赋予了更多含义。《中共中央 国务院关于加强基层治理体系和治理能力现代化建设的意见》提出“创新社区与社会组织、社会工作者、社区志愿者、社会慈善资源的联动机制”，这就将“五社联动”提升到了国家政策层次。“五社联动”正在

社会治理的众多层面发挥作用。

（二）"五社联动"是我国社会治理工作的新实践

"五社联动"来自实践，是多种社会力量组织起来，共同和协调参与解决问题的实践和工作模式。从"三社联动"到"五社联动"，这既是基于保障民生和满足社会治理现实需要的新实践，也是社会工作发挥作用的新实践。实际上，早在倡导"三社联动"时，有些地方就根据本地社情提出了"四社联动"（如增加了社区志愿者）。"五社联动"也是在实践中发展形成的。首先是武汉为抗击新冠疫情而提出的"五社一心"，然后凝练成社会治理领域的更具普适性的"五社联动"，从而被写入中央文件，在更多领域、更多层面发挥作用，实现社会政策创新。"五社联动"虽有比较明确的主体，但它又是开放的和有一定弹性的。它可以包括更多社会力量、社会资源，以多种形式参与城乡社区的社会服务和社会治理，从而成为一种有开放性的政策性行动倡导。这也是在党的领导和政府主导下，社会力量以自己的优势参与基层社会建设和社会治理创新。

二、"五社联动"的民生与社会治理视角

（一）"五社联动"与改善民生

从介入角度看，"五社联动"的行动目标有两个：一是对居民和社区的服务；二是参与社会治理，解决社区矛盾，维护社会稳定。

从武汉"五社联动"发展的轨迹看，它是在疫情防控中解决居民基本生活困难、缓解心理压力和维护社会秩序的综合实践中发挥作用的。民生是维护社会秩序的基础，解决民生基本生活问题（物质的、心理的、社会的）是"五社联动"最基本的活动。"五社联动"创新性地关注、促进居民之间的社会联结和社区社会支持网络建设，发展社区社会资本，厚植社区的民生基础，是一项重要创新。

（二）"五社联动"与社会治理

"五社联动"在加强和创新基层社会治理中发挥着重要作用。加强基层

治理有强化管制和加强自治两个基本层面。在公共危机事件比较严重的情况下，适度的管制对维持基本的社会秩序是必要的。在一般情况下，社区治理若要实现法治、德治、自治相结合，社会力量若要更多地在增强社区自治能力方面发挥作用，就要促进协商治理、服务型治理，在保障和改善民生与促进社会秩序的结合点上用力。“五社（多社）联动”的各参与方都有为群众，特别是为困弱群众服务的理念。在社区平台上，社区“两委”（居民委员会，以下简称“居委会”；业主委员会，以下简称“业委会”）若要更多地了解社情民意，就应该发挥枢纽作用，通过多方参与，发挥社会工作善于系统分析问题、链接资源的优势，在总体上将各方资源有效动员起来，将保障和改善民生与促进社区能力发展，进而维护社区秩序结合起来，在更宽领域、更深层次处理好民生和秩序的关系，从而更好地发挥“五社联动”的优势和功能。

“五社联动”的实践逻辑是由其结构和运行过程来体现的，以下从“五社联动”的立体动态结构和协同机制两个方面稍作分析。

三、“五社联动”的立体动态结构

（一）“五社联动”的横向结构

按照《中共中央 国务院关于加强基层治理体系和治理能力现代化建设的意见》中“创新社区与社会组织、社会工作者、社区志愿者、社会慈善资源的联动机制”的表述，“五社联动”基本上是一个横向结构，即各种力量是在社区层面上联动、发挥作用的。但是，从中也看出“五社”之间角色和作用的区别，即社区在“五社联动”中处于更重要的地位。这一方面是因为社区是“五社联动”的平台，另一方面是因为社区与政府有着更密切的联系。在我国，社区是人们日常生活的场域。社区“两委”在了解社区问题和居民需求、运用社区资源、动员居民参与方面具有优势。同时，社区“两委”也有责任协助政府处理社区范围内的某些公共事务，所以它们在某种意义上也是政府的代表。这些决定了，在很多情况下，社区“两委”成为“五社联动”的枢纽，它们在解决社区问题中的责任和所应发挥的作用上与其他社会力量有所不同。

但是，这并不表示社区比其他参与主体的地位更高、权力更大，而是角色更重要、责任更大。于是，"五社联动"就是以社区为场域，以社区"两委"作为枢纽，为各参与主体更好地发挥作用，促进社区和居民问题解决，具有灵活性的联合行动。也正因如此，提高社区"两委"的参与度、促进"五社联动"发挥能力就十分重要。

需要注意的是，"五社联动"不是自足的和封闭的。正是社区治理的基础性、社区"两委"协助政府进行社区治理的角色，才使"五社联动"不能忽略政府的影响。这就使社区层面的"五社联动"必须和必然接受政府的指导，基层政府及其部门的行动、政府部门间的关系会影响社区层面的"五社联动"。所以，"五社联动"又是一个立体结构。

(二)"五社联动"的动态结构

在解决不同社会问题和解决问题的不同阶段，"五社联动"的机制是不同的。"五社联动"的良好运行以社区问题的有效解决为基本标准。不同问题所需要的资源不同，在解决问题的不同阶段，各方的参与方式不同，这使"五社联动"具有某种程度的变动性。

我们看到，在发生重大公共事件(包括灾害)时，各种社会力量常常会自觉或不自觉地进入问题发生地，实施支援。各方的出发点是好的，但是由于缺乏公共干预模式、处理问题的信息不能共享，有时会造成参与方的无序进入，造成资源堆积浪费，甚至会给问题解决带来障碍。这说明，"五社联动"应该形成以处理复杂问题为目标的动态有效结构。这里需要形成有效信息即时共享机制。

四、"五社联动"的协同机制

除了"五社"各方的参与意愿和参与能力(这一点也是重要的)，"五社联动"的核心就是"五社"的"联"和"动"，即机制问题。从总体上来看，"五社联动"实际上是加强和创新社会治理的机制，"五社"如何联、如何动，又是"五社联动”的机制。

在武汉抗击新冠疫情的过程中，“五社联动”形成和发挥作用的过程与实践表明，相对而言，社区的基础平台作用和社会工作者的专业引领作用凸显，社区与社会工作者的深度融合成为“五社联动”机制有效运行的基础。在此基础上，其他社会力量被动员起来，逐渐形成“五社联动”。武汉的经验具有某种启示：社区和社会工作者在“五社联动”中发挥着重要的启动、推进作用。他们作用的发挥，一是来自他们的角色认知和自觉，二是其组织性，三是其行动能力。社区“两委”的责任不必说，社会工作者对社会问题的敏感性、专业责任意识、问题评估和综合行动能力，使其能够首先行动起来，理性介入，推动问题的解决。由此应获得的启发是，在“多社联动”解决社区问题时，必须有责任感和能力都强的社区“两委”，必须有专业意识强、责任感强、行动能力强的社会工作者。

一般说来，我国有庞大的志愿者队伍，但是其在许多地方的组织性弱、社会责任意识不强、整体行动能力弱。不少地方的社区社会组织属于文体娱乐型，参与社会治理的能动性和能力不足。社会慈善资源的自发性和社会责任感不足，许多社区的内在社会资源不足、社会资本衰落。这些都影响着“五社联动”的发展。要强化“五社联动”机制，有效助力社会治理，必须增强社区“两委”的能力，扎实发展社会工作人才队伍，做强“五社联动”的基础；要培育服务型社区社会组织，着力进行志愿者制度化建设，增强其参与社区治理的能动性；要积极培育社区社会资本，增强社区自我处理社会事务的能力。

我国“五社联动”在发展过程中遇到的问题，既是社区层面的问题，也是基层政府层面的努力和弱化的反映。推进“五社联动”发展，发挥“五社联动”作用，必须增强基层政府对“五社联动”重要性的认识，加强政府部门间的协同，从而在立体上系统促进“五社联动”的发展。另外，需要强调的是，“五社联动”的实施离不开社区居民的参与，因为社区居民既是“五社联动”的服务对象，也是实现“五社联动”的重要支撑。

“五社联动”提出时间不长，各地还在实践中，我们对它的认识还只是初步的。我们需要在实践中对“五社联动”的创新意义和实践逻辑进行更全面的理解。

王思斌

北京大学社会学系教授

目　录

第一章　“五社联动”的缘起、内涵、机制及其治理参与

第一节　“五社联动”的发展背景

“五社联动”基层治理行动框架理论产生于非常态时期的基层治理实践，是原有的基层治理模式无法有效应对公共卫生危机的冲击，基层快速适应紧急情境而逐渐发展起来的，一种具有筑牢社区韧性的新型治理行动框架。“五社联动”是以解决基层实际问题为驱动、专业介入治理创新的产物，经历了基层自主探索—项目式培育—政策吸纳扩散的发展历程。从武汉经验走向国家政策，再从国家政策落地到各地实践，“五社联动”成为近年来影响社会工作实践乃至基层社会治理的重要新举措。

一、突发事件下“五社联动”的产生

“五社联动”创新于基层原有的治理机制，是在突破“三社联动”与“四社

联动"的实践瓶颈的基础上发展而来的。

（一）打破一元独大的"三社联动"

"三社联动"最早是基于上海的地方实践所总结出的一种具有开拓意义的治理机制，目的是实现基层治理主体的多元化，将社区、社会组织和社会工作者三方主体联结起来，促进政社分工与合作。2004 年，上海市民政局提出了社区、社工[①]、社团"三社互动"这一概念，形成了"以社区为工作平台、以社工为队伍抓手、以社团为组织载体"三者分工合作的工作思路，之后又将"三社互动"改为"三社联动"，以突出三者之间的联结性。2013 年，"三社联动"的经验被民政部采纳并在全国大规模推广，作为基层社会治理创新的重点工作，要求各地在城市社区推进开展。作为社区治理的一种实践机制，"三社联动"在社区治理改革中具有重大意义。第一，试图实现社会体制改革，在行动思路和理论愿景上，从以往的"政社不分""以政代社"跃迁至"政社分离"、分工合作，打破以往基层治理中政府"权责独揽"的情形，向社会让渡治理空间，尝试迈向多元主体协同治理。第二，构建主体间的平等地位，改变了以往基层治理中政府"一家独大"、单一的层级制行政体系，将纵向直线型行政治理体系转变为多元主体合作构建的横向网络的治理结构。第三，将社区、社会组织、社会工作者三者联动起来，通过明确角色分工和功能定位，发挥三者的长处，实现优势互补。"三社联动"刚开始是作为探索社会组织进入社区的模式提出的，主张通过引入专业社会组织到社区，构建起社会工作者参与社区治理的途径，因此"三社联动"的发展目标是重塑基层社会的治理空间，构建基层的多元化治理格局，即基层治理中政社分工与合作的模式。但在实践中，"三社联动"遭遇了两个明显的困境。一是，"社"实则不独立于"政"。一方面，"三社联动"中"社"的要素少，可动员的"社"力量总体薄弱；另一方面，社会工作者或者社会工作服务机构主要依靠政府购买项

① 本书中，社会工作者有全称和简称两种表达方式，出于写作规范的需要，一般来说用全称。鉴于各地的"三社联动""五社联动""社工站"等提法中普遍采用"社工"这一简称，结合上下文，本书有时也采用"社工"这一简称。

目进入社区开展工作，缺乏政府之外的替代性资源供应，用组织学中的资源依附原理来解释，这就是资源依赖导致行动依附。因此，“三社联动”中的“社”力量（包括专业社会工作者）难有实践自主性。二是，彼时社区社会组织发展基础薄弱，这导致在相当长一段时间内培育社区社会组织成为基层开展“三社联动”项目的实际目标，即培育规定数量的社区社会组织成为项目相关方考核的核心指标。这造成了基层社区和社会工作者需要培育大量社区社会组织以应对考核压力，而这些社区社会组织要么只是在案头存在，要么很少甚至基本没有开展活动，或者只开展几次活动以应对考核，成为“僵尸型”社区社会组织，实际治理效果并不理想。在实践中，“三社联动”介入社区治理的目标被置换成培育社区社会组织，社会工作者难以在这种治理实践中发挥专业作用，“三社”自然也难以联动去促进基层治理。一方面，培育社区社会组织占据了大量的资源和精力，每实施一个“三社联动”项目就培育一批社区社会组织，组织数量年年递增，但因其“僵尸化”，无论是能力还是能够实质性动员的人力数量，都无法满足社区治理的要求。另一方面，社区的治理问题又是现实、复杂乃至艰巨的，必须由多主体联合才可能推动解决。为此，一些地区开始思考如何增加切实可联动的主体，以提升基层治理效能，这成为各地在实践中打破“三社联动”框架桎梏，对其进行升级的根本动力。

（二）增加社会力量的“四社联动”

突破“三社联动”联动乏力的困境，一个思路就是增加联动主体。全国各地的实践经验表明，志愿者在基层治理中具有不可或缺性，“三社联动”新增一“社”，即社区志愿者。2011 年 11 月 8 日，中央组织部、中央政法委、民政部等 18 个部门和组织联合发布了《关于加强社会工作专业人才队伍建设的意见》，明确提出：“建立社会工作专业人才和志愿者队伍联动服务机制。志愿者队伍是社会工作专业人才开展服务的重要补充力量……”一些地方省份提出了“三社联动”＋“两工（社工＋义工）互动”的说法。如此，将志愿者（义工）整合纳入“三社联动”的框架中，既遵循了政策的统一性，也体现了地方的创新探索,但这种说法也表明志愿者要素是从属性的、次级性的。

随着志愿者在实践中发挥的作用越来越大,地方政府逐渐要求基层工作者重视志愿者的培育和联动。为了提高基层工作者对志愿者要素在社区治理中的重视程度,就像培育社区社会组织一样着力发动志愿者,山东、陕西、深圳逐渐明确提出了“四社联动”这一概念。2014 年,山东省民政厅出台了《关于推进“四社联动”创新社区治理和服务的意见》,推行社区、社区社会组织、社会工作专业人才、社区志愿者“四社联动”。2016 年,陕西省委办公厅、省政府办公厅印发《关于加快推进“四社联动”提升社区治理水平的意见》,提出推进以社区为平台、以社会组织为载体、以社会工作专业人才为支撑、以社区志愿者为补充的“四社联动”工作,全面提升基层社会治理水平。深圳坪山新区逐步探索了“四社联动”,即社区、社会组织、社会工作者、社会力量的社会治理体系新模式。之后,内蒙古等多地民政部门也相继出台了关于建设“四社联动”机制、创新社区治理的意见,在原有的“社区、社会工作者、社会组织”基础上,增加了“社区志愿者、义工或者其他社会各界人士”。相较于“三社联动”,“四社联动”增加了社区志愿者这一主体性要素,将原有的“两工互动”与“三社联动”进行了融合,这是整合基层社会治理资源的一种创新性尝试。“四社联动”扩展了社会工作者的专业空间,即以志愿者的培育、管理为主的社区治理方式被纳入了社区社会工作。相较于原有的政社格局,新增志愿者这一“社”要素扩大了社会动员空间,居民不必加入“组织”即可以个人方式随个人意愿参与或退出,这样就进一步降低了居民参与治理的门槛,提升了其自愿参与率,扩大了社会工作者的联动范围。但由于志愿者要素与其他“三社”本质上是相同的,都属于“人力”范畴,即都是主体性要素,故“四社联动”相较于原有的“三社联动”框架,在本质上只是额外新增一个行动主体,对基层治理的参与者在数量上进行了补充。这固然是重要的,但这也意味着“四社联动”对原有“三社联动”结构并无实质性突破。“四社联动”仍面临着与“三社联动”一样的重要制约,即资源不足,各行动主体的联动仍依赖于政府资源,从而依然存在“社”对“政”的行动依附问题。

资源问题是基层治理中的核心议题之一，任何联动框架都得有资源才能联动得起来。要实现实践自主、基层自治，须以足够的“自筹”资源为基础。总而言之，不论“三社联动”还是“四社联动”，都因先天缺陷，即行动框架中无资源要素而无法摆脱联动的持续性困境，即当政府资源或外部资助撤出，基层的多元联动就会因缺乏资源而陷入空转。所以，原有的架构需要进行实质性的调整。在此背景下，基于一些地方的零星探索和湖北省为期一年的“刻意”的实践探索，“五社联动”被正式提出。

（三）推动治理变革的“五社联动”

“五社联动”一般是指在“区—街—社”层级运行的基层治理范畴，亦被称作基层治理中的工作方法。“五社联动”的发展分为两个阶段：第一个阶段是地方探索期，第二个阶段是国家推动深化期。两个阶段的分水岭是2020年首先在湖北省暴发的由新冠疫情引发的基层治理变革。

在第一个阶段，针对基层社区治理的整体工作而开展的“五社联动”机制或者工作方法的探索，如广东省和安徽省。2015年，广东省珠海市香洲区翠香领航社会组织发展统筹中心基于当地社区社情，提倡建设以社区为主导、社会组织为主体、社会工作为主力，高校社团提供辅助、社会力量共同协作的“五社联动”治理格局。2016年，广东省广州市番禺区社会组织联合会提出以社区（村）为平台、社会组织为载体、专业社会工作人才为力量、社区企业为支撑、社区（村）基金为依托，打造慈善生态圈，后又更名为共治生态圈。2018年3月，安徽省合肥市民政局出台了《合肥市“五社联动”实施意见》，明确以社会服务中心（站）为基层服务平台，以社会工作服务人才为核心，以社会组织为服务载体，通过社区服务项目化的运作方式，吸纳多元化的社会资本的“五社联动”机制，以建立健全基层服务体系。这种专业力量及其他社会力量共治的“五社联动”，与当前国家层面推动的“五社联动”相对较为接近。

在这一阶段，“五社联动”的各种提法主要是地方“社”字头要素的简化组合，是对地方经验进行总结的产物。这些提法在经验层面有利于实现对属地范围内或特定部门内工作力量的整合动员,但也存在明显的问题。第一,缺乏在理论层面论述为何是这“五社”要素而非其他要素,因而这些提法固然凸显了地方优势,但囿于地方经验。第二,缺乏对“五社”要素之间逻辑的检视,出现手段要素与目标要素混为一谈的现象。比如,把“社会服务项目”“社区自治”与“三社”混为一谈:前“两社”是要实现的目标,而后“三社”是手段。前期各地“五社联动”的提出是基于地方经验的简单加总而来,既体现了地方特色也囿于地方,且因缺乏理论探讨,无法在更大的范围内产生政策指导意义。例如,广东省内有两种提法,安徽省的“五社联动”提法仅在文献里呈现的就超过了五种。对应于“社会慈善资源”,出现了“社会资源”“社会资金”“社会资本”“社区社会资本”等提法,甚至社区、社会工作者和社会组织这“三社”都各有各的提法,如“社区”在有的文件里变成了“社区居民”“社会服务平台”“社区自治组织”。

第二个阶段始于2020年在湖北省暴发的新冠疫情。2020年年底至2021年年初,湖北省通过提炼疫情防控的社区经验,正式提出了“五社联动”基层治理模式。之后,这一模式作为地方经验被党中央、国务院采纳,进入国家政策,获得了全国统一的定义。民政部基于前期湖北省民政厅“五社联动”课题组的成果进行提升,明确定义“五社联动”,即以党建为引领,以居民需求为导向,以社区为平台、以社会组织为载体、以社会工作者为支撑、以社区志愿者为依托、以社会慈善资源为助推,提升基层治理能力,建设人人有责、人人尽责、人人享有的社会治理共同体。

当前,国家政策推动的“五社联动”是湖北省在疫情防控和恢复经济社会生活的实践中提炼形成的基本经验,这既是动员各方力量应对重大公共危机事件的有力探索,也是社会工作参与基层社会治理经验的宝贵总结。具体而言,这是民政部赴鄂指导组坐镇湖北进行抗击疫情指挥工作,以及疫情防控常态化时期,民政部原慈善事业促进和社会工作司联合阿里巴巴公益基金会等慈善组织、湖北省各级民政部门、“五社联动”项目试点社区一起,多方力量联合实践、共同研究的结果。

2020年春，新冠疫情首先在湖北省武汉市暴发。基层社区除了要完成常态化治理任务，还要解决大量的应急性需求，这对原有的基层治理模式提出了严峻考验。而“三社联动”难以在危急情境中有效运行，基层治理资源、能力与治理任务的不匹配问题在受到危机冲击时就表现得尤为明显，成为社区在抗疫时期面临的巨大治理考验。社区不仅急需大量的物资和资金，还需要大量服务居民生活和开展防疫工作的志愿者。突如其来的危机激发了民众的集体感和公益心，以及普遍的人道主义精神，所以全国各地乃至全球的物资和资金纷纷驰援武汉。湖北省民政厅的统计数据表明，自2020春新冠疫情暴发至2020年9月30日，全省累计接收指定接收主体的社会捐赠资金约有151亿元，捐赠物资约有2.3亿件。人力方面，在湖北省疫情防控斗争所涉及的2.7万个城乡社区中，有17万多名城乡社区工作者奋战在社区疫情防控第一线，千余家社会组织发挥自身优势，主动投身疫情防控工作，一万多名社会工作者广泛开展心理疏导、资源链接、社会融入等专业服务，120多万名志愿者参与人员摸排、小区值守、环境消毒、关爱保障等工作。“三社联动”机制无法响应基层应急治理，主要原因是其人力发动不足、资金不足，因此当“志愿者”和“社会慈善资源”大量涌现时，可以迅速弥补起这两个缺口。这些慈善资金和物资以及以志愿者为主的人力队伍迅速构建起社区韧性，有力提升了社区在疫情冲击时期的治理能力，为武汉保卫战、湖北保卫战取得决定性胜利做出了重大贡献，其中也蕴含了发展出一种新的基层治理模式或者行动框架的潜力。

二、治理实践中“五社联动”的发展

为沉淀非常态时期的基层工作经验，进一步思考如何将危急情境中高效的基层治理效能常态化，助力我国基层社会治理机制提档升级，探索专业助推建设具有中国特色的基层治理体系和基层治理能力现代化的可能路径，湖北省民政厅在民政部支持下，联合社会慈善力量，如中华慈善总会、阿里巴巴公益基金会开展社会工作服务项目，以探索常态时期“五社联动”这一多主体参与基层治理新模式的可行性和有效性。自2020年5月始，社区、社会工作者、社会组织、社区志愿者依托社会慈善资源，即"五社"联动参与社区治理，为社区居民提供服务。在项目开展初期，重点工作是对受疫情影响严重的"四类"人群开展服务，助其心理复原、融入社区，即开展"五社一心"项目，致力于疫情暴发后的社区心理恢复。"五社一心"即"五社联动"加"心理咨询师"，其初衷是为了突出对受疫情影响人群的心理康复服务。后来，有关部门基于三点考虑对项目名称进行了更名。一是，在组织归属上，心理咨询力量并不隶属于民政部门，若将其作为与"五社"要素同等重要的第六要素来行动，则跨部门协调难度较高，也未必有此必要；二是，"心"要素属于（专业）志愿者，可并入志愿者要素；三是，心理服务只是对受疫情影响人群众多服务中的一类，且具有明显的阶段性特征。所以，2020年10月，湖北省民政厅将"五社一心"项目更名为"五社联动"项目，即将多主体联动的目标从服务疫后人群扩大化为广泛的社区治理议题。

为评估"五社联动"项目在常态化情境下服务居民及其促进社区治理的效果，湖北省民政厅"五社联动"课题组于2021年4月底至5月初，对"阿里公益·五社联动·爱满江城"服务项目（以下简称"阿里五社联动"项目）入驻的32个社区进行了一系列问卷调查。问卷包括社会工作卷、其他"四社"调研卷、服务对象卷，覆盖"五社联动"项目的五类服务对象，即新冠病亡者亲属、新冠康复患者家庭、受新冠疫情影响的特殊困难群体家庭、防疫一线医务人员和社区工作人员，以及其他社区居民。其中，前四类受疫情影响而受到特别关注，成为"阿里五社联动"项目的重点服务对象。调查对象涵盖这五类人群，共计回收问卷1 285份。

关于服务效果，数据分析显示，在常态化情境（主要是疫情防控常态化时期）下，"阿里五社联动"项目在社区的服务效果良好，有效满足了受疫情影响严重的人群在身心状况、社会关系、经济就业等多方面的需求：31.1%的受访者的焦躁状况得以缓解，16.5%的受访者表示社区融入状况得以改善，10.8%的受访者对获得经济补贴表示满意。为探讨"五社联动"对基层治理是否存在促进作用，课题组选取了社区归属感、政府信任度和亲社会态度作为测量基层治理效果的结果性指标。通过个体固定效应回归模型，课题组分别探讨了受疫情影响人群所接受的政府救助情况，以及“阿里五社联动”项目实施对受访者的社区归属感、政府信任度和亲社会态度的影响。结果表明，接受社会工作服务对提高受访者的社区归属感具有正向影响。自社会工作介入后，社区给予居民的救助对居民的社区归属感的影响作用变得不显著。接受社会工作服务，以及接受慈善基金救助都有助于提高受访者对政府的信任度，其他因素的影响则不显著。

综上所述，数据分析表明，“阿里五社联动”项目在常态化情境中通过联动社区、社会工作者、社区社会组织、社区志愿者和社会慈善资源等社区主体性和资源性要素，较好地满足了受疫情严重影响的人群的多方面需求，有效助力了社区治愈“疫后综合征”。同时，“五社联动”社区治理行动框架的实践也促进了社区治理，即社会工作服务显著增进了居民的社区归属感，提升了居民对政府的信任度。但就逻辑而言，社会工作服务是依托于“五社联动”的行动框架而开展的，即社会工作者的服务是汇聚了社区支持、社会慈善资源救助的服务。以上证据也表明，作为工具型的治理框架，“五社联动”能被运用到常态化情境的社区治理与社区服务中，是基层治理专业化探索的有益尝试。“五社联动”建构了一种以专业为支撑的、自适应的、能有效增进社区韧性的基层治理体系，推动了基层治理现代化进程。

“阿里五社联动”项目实施的意义不仅在于验证了“五社联动”作为社区治理工作方法的可行性和有效性，还在于它提供了真实的观测场景，进一步激发、优化了关于“五社联动”的研究。湖北省的“五社联动”经历了一个从社区治理机制向基层治理行动框架的理论升级过程。如前所述，“五社联动”最初是作为社区治理机制被提出的，“五社”要素被定义为社区、社区社会组织、社会工作者、社区志愿者和社区公益慈善资源。后来，“五社”要素升级为社区、社会工作者、社会组织、社区志愿者和社会慈善资源。这是“五社联动”项目实践和理论研究深化的结果。此外，“五社联动”的实践表明，各个社区的"五社"发展基础不同，而且也存在社区社会组织不一定能满足社区的全部需求的情况。例如，疫情防控常态化催生了社区的应急体系建设需求，但是不可能所有社区都有这种类型的社区社会组织以满足社区需求，这是因为专业性程度高的社区通常需要引入社区之外的成熟的专业性社会组织来帮助建设应急体系。因此在"五社联动"的第二版含义中，社区社会组织升级为社会组织，指代包括但不限于社区社会组织。"行动框架"取代"机制"，意在突出理论指导性，同时兼容基层的创新。作为行动框架的"五社联动"，强调的是为治理工作提供方向性指引，本质上是一种思维工具，而非具体的做法，即基层在具体的一个治理问题或者一个治理项目上的实施中并不必然立足"五社"或者拘泥于"五社"，如此便去除了"五社联动"被定义为"治理机制"的具象内涵，避免了在实践中捆绑基层。

三、政策驱动下"五社联动"的深化

2021 年 4 月 28 日，《中共中央 国务院关于加强基层治理体系和治理能力现代化建设的意见》发布，在"推进基层法治和德治建设"部分，明确要求"完善社会力量参与基层治理激励政策，创新社区与社会组织、社会工作者、社区志愿者、社会慈善资源的联动机制"。

2021 年 6 月 18 日印发的《"十四五"民政事业发展规划》提出，"完善城乡社区、社会组织、社会工作'三社联动'机制，发挥好社区志愿者、公益慈善资源协同作用，促进社会工作专业力量参与社会治理"，逐步明确"五社联动"是由"三社联动"扩充人力要素和增加资源性要素发展而来。

2021 年 9 月，"五社联动"社会工作理论与实务研讨会在武汉召开。研讨会以"创新五社联动机制 助力基层社会治理和乡村振兴"为主题，总结了湖北省推进"五社联动"机制建设的做法和经验，扩大了"五社联动"治理机制的影响力。

2022 年 3 月中旬，民政部原慈善事业与社会工作司将该年度的社会工作宣传周的主题定为"五社联动聚合力，社工服务暖基层"，全国民政系统相关条线和社会工作实践领域掀起了学习和践行“五社联动”的热潮。同年3月底，国家发展和改革委员会印发了《2022年新型城镇化和城乡融合发展重点任务》，在“加强基层社会治理”部分，提出“创新社区与社会组织、社会工作者、社区志愿者、社会慈善资源的联动机制”。

与此同时，湖北省、重庆市、陕西省、湖南省、河南省、北京市、吉林省等地也纷纷出台政策将“五社联动”纳入城乡社区服务与基层治理体系，并相继深化“五社联动”研究。

截至2023年5月，“五社联动”被纳入中央法规16次、地方性法规330次，彰显着其先从特定的地方研究走向国家政策，然后逐渐影响全国各个地方，最终成为基层治理的新思路和基层治理体系建设的新趋势。多地将“五社联动”运用到党建、社工站建设、社区韧性建设、社区慈善发展等基层治理领域，形成了一批卓有影响的典型案例。例如，上海的“绿主妇”项目使垃圾村变成花园村、湖北对社区基金的探索与实践、内蒙古的社工站建设等。自2022年始，“五社联动”的实践四处开花，初见成效。

第二节 “五社联动”的内涵、机制和行动框架

一、“五社联动”的内涵

社区是国家的基础，“五社联动”主要是基于社区场域的，多主体联合参与基层治理的新型治理方式。“五社联动”是从要素的意义上而非实体意义上定义各“社”的。作为一种行动框架或治理模式，“五社联动”不只是多“社”要素的简单累加与堆砌，更是多“社”代表的多元主体协同，有效提升基层社会治理效能的行动系统。从“联动”的角度来看：“联”的本义是关联、联结，指的是关系结构与机制逻辑；“动”指行动或运作，是目标规划与计划实施。即“五社联动”描述了“五社”的关联活动形态，即五种主体通过某种机

制关联在一起，当其中一种主体发起行动或调适行动，其他主体也将相应发生变化。"五社联动"推动了社会治理由碎片化、条块化的低效运转向协同化、系统化的高质量运转转变。但有效的"联动"要求参与要素并非只是简单的共同行动，而是强调需求协调、信息共享、责任共担，以实现治理目标的工具导向和兼顾多方价值共识的深度融合。这便延伸出理解"五社联动"内涵的基本问题，即作为行动整体，"五社联动"中的"五社"要素各自扮演着什么角色？

当前，学界将"五社联动"普遍定义为：以提升社区治理能力、建设"共建共治共享"的社区治理共同体为目标，坚持党建引领，由社区居（村）民委员会发挥组织作用，以社区为平台、以社会工作者为支撑、以社区社会组织为载体、以社区志愿者为辅助、以社会慈善资源为助推的新型治理框架。这一定义包含了"五社联动"的角色定位。

（一）社区的"平台"属性

社区具有平台属性。首先，这不是自然而然发生的，而是以基层的掌舵者，即社区"两委"的思想是否开放、理念是否先进、能力是否足够强作为基础前提的。社区"两委"是社区得以发挥平台作用的组织保障，否则，社区只是地理意义上的空间，而非社区治理的"平台"。其次，社区的平台属性有以下几个维度：第一，服务提供平台。作为实体的党群服务中心，社区为区内各类群体提供丰富多样的服务。第二，资源汇聚平台。随着治理重心的下沉，越来越多的资源将汇聚到社区，助力社区治理。第三，参与建设平台。越来越多的居民或治理主体参与到社区治理中，社区治理共同体逐步形成，并在多元参与的过程中，缔造情感共同体和精神共同体等，使社区回归共同体属性。

（二）社会工作者的专业"支撑"

社会工作者一般指通过全国社会工作者职业水平考试，提供专业社会工作服务的人员。根据社会工作专业人才统计口径规则，社会工作者也包括拥有社会工作相关专业学历和接受过一定学时社会工作专业培训的人员。“五社联动”中的社会工作者包括两类：一类是受过专业学历训练并投身基层治理的专业社会工作者，一般由机构派驻到街道或社区；另一类则是无相关学历教育背景，但从事社区治理，且通过社会工作职业资格考试的持证社区工作者，即本土社会工作者。笔者认为，在特定的一个社区治理项目中是否有社会工作者，重要的是看其中是否存在一个行动者，其行动是否实质性地体现了社会工作的精神、价值和风格，如在服务方式上体现人文关怀，在服务所用方法上有逻辑、有理据且适合具体情境，在结果上追求有效解决问题等。在这个意义上而言，持证的也未必是真正的社会工作者，而不持证或者尚未持证的未必就不会如专业社会工作者一般行动。所以，重要的是其中是否存在社会工作者这一要素的介入。总之，无论是哪种，作为支撑者角色，社会工作者一要支撑其他“四社”的发展，二要支撑联动的协同推进，三要围绕专业促进基层治理这个目标，发挥专业能力，甄别并平衡相关需求，进行项目化设计，促进项目实施，以解决社区问题、满足社区需求。这些都需要社会工作者运用专业技术，秉持专业理念，遵循专业伦理，从而成为多方联动的支撑者，助力社区发展。

（三）社会组织的“载体”作用

“五社联动”中的社会组织包括两类：一是社区社会组织；二是社区外的社会组织，这类组织通常是指发育成熟度较高的或者专业性较强的社会组织。这两类社会组织又被称为社区内社会组织和社区外社会组织。社区是“五社联动”发挥作用的主要场域，所以参与社区治理的通常是社区社会组织。当社区需求无法通过社区社会组织来满足时，社区就会引入发育较为成熟的社会组织或专业程度较高的社会组织来满足自身需求。通常，社区外的社会组织被引入社区后会承担两种任务：一是提供直接服务，二是为社区培育同类组织。

就社区社会组织在基层治理中发挥“载体”的作用而言，它包括两个方面的意涵：一是作为居民参与基层治理的重要载体，社区社会组织包括居民通过被组织起来参与社区治理，以及居民因参与社区社会组织而被发动起来参与社区治理两条路径。二是社区社会组织是社区服务的提供主体。“五社联动”框架下的社区社会组织的内涵更为丰富,按照合法性程度不同,可以被分为登记注册类、备案类、草根类;按照组织性质不同,可以被分为自益类、互益类、公益类。社区社会组织本质上是居民以组织化形式参与社区治理。相较于散在的志愿者,社区社会组织是更稳定、更持续、组织化程度更高的社区参与主体。此外,社区社会组织还是服务的载体。随着当前公益类社区社会组织比重的上升,社区社会组织亦成为服务的供给主体。基层政府通过民生微实事、社区微公益大赛等方式向社区社会组织征集居民需求,发包小额度服务项目,进一步拓宽了社区社会组织参与社区治理的途径,同时赋能社区社会组织,以实现社区的自我服务,增强社区的互助氛围,增进社区联结,促进社区社会资本生产。

(四) 社区志愿者的“辅助”特征

“以社区志愿者为辅助”是指居民以社区志愿者身份参与社区治理,这是相较于社区居民通过社区社会组织参与社区治理而言的。有些政策文件也将“辅助”称为“依托”。笔者认为,“辅助”是当前社区志愿者在相当一段时间内参与社区治理的现实写照。

“辅助”作用体现在以下三个方面:第一,社区志愿者助力社区应急治理体系构建。社区志愿者的灵活性、及时性、广泛性和多元性等特征,能使其作为社区治理的“粮仓”,增加社区治理结构的弹性,即社区志愿者的动员视社区治理任务的繁重程度、紧急程度等而定,可多可少,这有助于构建社区韧性。在新冠疫情防控中,社区志愿者在关键时刻积极投入,且进行扩散性动员,成为抗击疫情的重要力量。第二,社区志愿者是其他主体(如社区社会组织、社会工作者等)的辅助角色,能为其增添人力、智力等资源。第三,社区志愿者的挖掘、管理与维系能营造良好的社区氛围,发扬志愿风尚,辅助达成“共建共治共享”共同体的治理目标。

(五) 社会慈善资源的“助推”支持

作为“五社联动”中的资源性要素,社会慈善资源的发动可有助于打破此前社区和社会工作者在治理资源获取上单一依赖政府的局面，是基层社会自主联动的探索，故其助推支持作用体现为通过提供“燃料”（动力）来发动联动。当然，“五社联动”得以在社区治理中发挥作用有内在动力和外在动力之分：内在动力是指居民的参与意识；外在动力是慈善资源，为“五社联动”提供契机和条件。

一般来说，社会慈善资源参与的是在地的治理，即帮助落地的基层区域解决问题、提供服务，从而促进社区凝聚。虽然这些资源最终被应用于当地社区，但其来源却不限于当地，既包括社区基金会或社区专项基金等，也包括全国性的基金会，甚至包括在特定危急时期，来自全球层面的资金和资源，以及物资、技术、信息等种类多样的社会资源。

二、“五社联动”的运作机制

作为多元联动的基层治理框架，“五社联动”是以社区为本的治理创新。“五社联动”的运行机制包括自身的培育发展机制和被运用于社区治理的机制两种，即各要素联动的目标包括“五社联动”自身的发展，以及运用“五社联动”促进社区治理。“五社联动”中的“联”是指联系、联结和联合，“动”是指各要素联合行动。在当前情况下，对“五社联动”机制的探讨应包含三部分内容，对应回答“五社联动”怎么联、怎么动，以及“五社”要素怎么来回答这三个基本问题：第一，“五社联动”中各要素因何联动，究竟是什么在触发要素与要素之间的联动？第二，“五社联动”如何联动，即有何联动模式？第三，“五社联动”怎么来的，即一个社区如何才能具有“五社”要素？

（一）基本点：因应共识性需求，“五社联动”的三类逻辑

“五社联动”中“五社”要素因何而联动？在社区范围内，从共识性需求出发是“五社”要素联动的基本点。其内涵包括以下几点：第一，“五社”要素说到底都可对应具体的行动主体，如社区对应社区“两委”，社区社会组织、社区志愿者对应相应的行动者，社会工作者对应个体行动者或者社会工作机构行动者，社会慈善资源对应捐资、捐物或提供场地、信息、技术等资源的

行动者，包括个体和组织。因此，探讨"五社"为何需要联动，实质上就是探讨相应的主体为何以及如何能够联合起来共同行动的问题。我们认为共识性需求是其基本点，即共识性需求提供了各方主体参与行动、联合行动的激励。第二，一般文献会笼统地提到从需求出发，但是"五社联动"被应用于基层治理（如社区治理），主体多元、需求多样时，则需要我们追问是从谁的需求出发。所以，重要的不是需求，而是共识性需求。

共识性需求有两种形态：一是内置了多方诉求在内的需求，即特定的需求体现了多方需求的交叠；二是形成一个需求满足序列，各方的需求满足有先有后，且各方就此达成共识。相较于某个特定主体的需求，共识性需求回应了各方的利益或关怀，因而能够激发各方的参与动机。可见，共识性需求成了"五社联动"的基本出发点。

需要说明的是，这种共识性需求应当通过一个民主协商的过程来获得，最好由擅长平衡多方需求的社会工作者引导各方商议实现，而非由多方主体中的特定一方凭借权力根据自己的理解来定义。由权力定义而非各方真正认可的共识性需求对各方联动的驱动，本质上可能是权力在驱动而非需求在驱动，从而可能导致联动走向形式化。

需求包括"需要""寻求"两个部分。在外显化为可见的行动之前，"寻求"是一种行动倾向，所以需求具有两层内涵：一是行动者理解自己需要什么；二是行动者具有为之采取行动的意愿。换言之，需求的本质是行动者内心为实现自己所需的行动倾向。人之所需（包括个体的和群体的）一般包括物质、心理和精神等维度，对应地，个体行动者产生了获得利益、拥有关系和实现价值等需求，组织行动者则有获得经济/政治利益、回应社会期待和践行组织使命的需求。"五社"据何而联？笔者提出以共识性需求为基本点，落到三个需求维度上，形成以下三类关联逻辑。一是利益逻辑，即因共同的利益而联结，包括经济利益和政治利益等，这对个体行动者和组织行动者皆有效。二是关怀逻辑，对个体行动者而言，往往是因行动主体之间希望发展或保持正向的关系而选择联合行动，通俗地说是"因为我在乎的行动主体在乎，所以我在乎”，通过既定的正向关系而联结起来；而对组织行动者而言，回应社会期待，如社会对组织有承担社会责任的期待，这体现的是组织对社会的关怀。三是价值逻辑，即行动主体因为认为一件事重要而参与其中，这种价值关怀体现在个体层面（如价值观）和组织层面（如组织使命）等。

共识性需求联动“五社”的逻辑是，如果各方行动主体在某个维度上的需求都映射在一个具体的议题或项目上，则该议题或项目会产生促进各方联动的动力，再加上适当的组织工作，这样的动力就可以激发“五社联动”。例如，一位社会工作者承接的某个“五社联动”项目落地某社区，他发现社区的小巷路面坑洼不平，下雨淹水严重影响居民生活和小区环境面貌，因此提出了巷道改造的社区治理项目。随后，居民预计可获益，因而愿意参与其中，或以个体志愿参与，或通过加入社区社会组织，为之出力、捐款、筹资。因为改造破损巷道方便居民出行又符合社区“两委”为人民服务的组织使命，属于其工作职责范围，所以社区“两委”也愿意承担改造巷道项目的组织工作，并供应部分资源或积极向社会筹资。社区的多个联建单位为了承担社会责任，获得在地民众的支持和社会美誉度，也愿意适度出资参与。如此，在这个项目上，“五社”得以联动起来。

总之，在“五社联动”中，共识性需求是各“社”联合的基础。“五社”要素对应五大类的多个行动主体，其需求通常通过三个维度来体现——利益、关怀和价值。因此，“五社”可因利益而联动，因关怀而联动，因价值而联动。各方行动主体的任何一个维度的真实需求若在一个议题或项目中有所体现，那么各方行动主体皆可能在不同程度上参与进去。

（二）“动中联”：通过项目化治理，卷进式联动“五社”

在“五社联动”中，“五社”如何联动？基于湖北省的实践经验，笔者提出了“动中联”这一逻辑。其中，“动”是行动，“联”是联合。

具体而言，“动”是指通过项目制的形式采取行动，以响应社区的需求。行动的方式多以共识性需求为导向，即先围绕特定问题设计项目、实施治理，再以项目找人（如社区志愿者）、找队伍（如社区社会组织）、找资源（如发动社区基金募款）的实践过程。在该过程中，各"社"因项目实施的需要而被渐次卷入，"联合"行动，最终项目借助"五社联动"完成。笔者将这种"五社联动"的应用模式称为卷进式联动，简称卷联型"五社联动"实践模式。卷入的要素可能是社区既有的，也可能需要新开发。如果完成项目需要新开发或培育一个要素，相关行动者（通常是社会工作者和社区）就会在具体执行社区治理项目或提供社会服务时，一边开发或培育新的要素，一边促进新要素与其他要素联动，以实施治理项目。我们把这种做法称为"五社联动"的联结联动模式，即在实施项目的行动中开发新要素、联合新要素。联结联动是卷联式的一个亚型，体现的是在回应社区具体治理议题或社区治理项目实施过程中，培育"五社"与联动"五社"的过程合二为一。这种做法回应的是一些地方额外花钱设立项目去培育"五社"要素的做法，将培育"五社"和联动"五社"划分为前后两个阶段。先培育后联动的思路是"三社联动"时期工作思路的延续，即专门为了建立社区社会组织而设立项目，投入资金。"动中联"强调的是以任务实施为导向，先动起来，不必等待条件成熟后才动。从理论上讲，行动具有突生性，"动"会涌现出机会，强调要素在行动中的生成性。

这里的"联"是联合，是在项目实施过程中对要素应需而联。不同项目的复杂程度不同，面对的资源基础不同，完成治理项目所需联动、主要倚重的要素不尽相同，所以应因情境和需求而联。例如，有的项目本身有充足的政府资源支持，利用社区惠民资金就能解决了，则项目实施只需联合社区、社会工作者和社区社会组织这"三社"即可；有的还需要发动社区志愿者骨干，那么联动"四社"即可；有的则是无政府资源支持或者资源不足，则需开发社会慈善资源来助力项目的实施，即需要"五社"全联动。

总之，"动中联"机制回答了"五社联动"行动框架在社区治理介入中要素怎么动、动哪些要素的问题，即"五社"因社区的共识性需求而"动"，把需求项目化，进而在实施中需要什么要素就"联"动什么要素，各个要素被渐次卷入并联动起来。

（三）“联中动”：借助要素间关联，延伸式培育“五社”

从“三社联动”跨越到“五社联动”，如何培育新增要素、发动社区志愿者和开发社区慈善资源是需要探讨的问题。笔者强调以要素间的关联性为基础，进行延伸式培育，提出“联中动”的逻辑。在这里，“联”是要素间的关联性或关联状态，“动”是培育要素，包括显化、激活、赋能等。

具体而言，“联”是指“五社”要素内部、“五社”要素之间，乃至服务对象和服务情境中的其他要素之间具有普遍的关联性。“联中动”是指利用要素间的关联性，通过一个要素激活、显化、赋能另一个要素，使其得以浮现，如此，通过已有的要素延伸培育出未有的要素。“联中动”是在地培育、发展“五社联动”的社会基础和实践形态。在宣传服务项目时，社会工作者通过与居民建立联系，利用居民与居民之间的联系来发展更多的志愿者，在共同行动中强化志愿者彼此的联结以推动组织化，从而促进社区社会组织的形成；社会工作者也可以发动志愿者为项目募款，或者利用个体志愿者的单位/组织身份和关系网络，为具体的社区项目筹募社会慈善资源。笔者把这种借助要素之间的关联性而进行的“五社联动”培育机制，即从单个志愿者发展到多个志愿者，又发展出社区社会组织，以及动员社会慈善资源的发动模式，称为“五社联动”的延伸式培育模式。“五社”的培育和联动既可以是前后相继的过程，也可以是同一个过程。但无论如何，我们都可以借助要素之间的关联性来延伸获得“五社”。同样地，我们需要强调的是，在“五社联动”中，对于社会组织、社区志愿者、社会慈善资源等关键要素的培育，主要应依赖于这些要素之间既存的社会关联性。换言之，“五社联动”的核心在于“五社”之间的关联性，我们利用这种关联性来扩展并弥补“五社”中尚不完备的要素，即采用延伸式培育模式。该模式通过已有要素之间的关联性，激活、显化并发展那些尚未充分展现的要素，从而确保“五社”能够全面、协调地运作，实现整体效能的最大化。

综上所述，“动中联”强调的是根据治理目标让项目先“动”起来，在动的过程中去“联”。“联中动”强调的是“联”，即多个要素之间存在显在和潜在的"关联性"，借助这种关联性去延伸开发尚缺乏的要素，以及联合各个要素行动。"五社联动"的运行逻辑可以归结为"动—联—动—联—动……"，即既强调"动"也强调"联"，在"动"中把握"联"，基于"联"而"动"。"动"与"联"构成一个持续的"流"，在实践中并不能被分开，这里是为了在实践中强调、突出"联"和"动"，以及在理论上便于分析，从而将本来统一于实践的联动过程拆分开来。

在"五社联动"中，"联"是"动"的基础与前提。社区的发展水平、结构制度安排现状、慈善文化氛围等形成了人们对利益的看重程度，彼此的联结程度，对价值的追求水平，以及对社会和他人的关怀度，是"联"的社会基础，并初步构建了各个要素之间的关联广度、深度。换句话说，居民可能基于利益、彼此的联结、价值观等而产生不同程度、不同密度、不同向度的关联，构成所谓的社区社会资本。而"动"的范畴包括各个要素的培育或发展，及其卷入具体实践过程的顺序、程度（是"五社"要素全部卷入还是卷入一部分要素）。所以，"联"是普遍的，而"动"是具体的，依据项目实施的需要而定。

三、"五社联动"的行动框架

将"五社联动"定义为专业介入基层治理的行动框架，而不是某一固定的行动模式，这意味着：第一，它是为基层治理实践提供的原则性指引，而非具体的活动指导，因此其中的行动要素组合具有更大的自由度，为实践提供了更大的创造性空间，实践者们可因地制宜地开发多种做法乃至行动模式。第二，这个框架中内含五个要素，相应的基层治理中有两层工作内容。一是充分发展"五社"要素，如相比之下，经过"三社联动"时期，（社区）社会组织要素相对发展得更充分，而社会慈善资源是当前社区治理中的短板要素，所以"五社联动"需要着力打通资源筹措渠道，谋求盘活社区内部资源，引入外部资源，发展社区基金、建立社区基金会等；二是探索"五社联动"促进基层治理的具体实践机制，根据街区资源与优势，探索不同的联动实践路径，以实现特色型发展或应用。综上所述，"五社联动"应被作为一种基层治理的行动框架，而非标准指引，其核心是通过专业指引基层构建起社区治理的行动要素、行动内容与行动愿景。

（一）行动要素：“五社”构成行动整体

从联动过程而言，“五社联动”的要素框架是四个主体性要素加一个资源性要素。为何纳入这“五社”作为行动要素而非将其他“社”形成一个整体的行动框架？这是因为：第一，该“五社”提炼出了基层治理的多元主体，并使其成为整体。与某些地方从经验层面提出“七社”“八社”，简单进行“社”要素的累加式扩充不同，“五社”将同类主体进行合并，如社区企事业单位、社会企业等就因为是主要提供资源，而被合并为社会慈善资源要素。如此，基于现有的各种基层的实践经验抽出五种要素，一方面能有效指导基层治理，另一方面又保证了“五社联动”作为本土理论的抽象性。第二，该“五社”作为行动整体，构建了行动的内部循环，能适用于基层治理的不同情境。如上文所述，“五社”的不同角色定位与分工充分将“五社”优势进行整合，让“五社”形成了能自主联动的体系，并对复杂多样的基层治理呈现出极大的弹性治理。如不同情境下“五社联动”的应用：在新冠疫情防控中，“五社”自发发展（如社区号召多元主体发展、社会工作者统筹多方、专业型社会组织下沉社区、社会慈善资源涌入社区、社区志愿者主动补缺，“五社联动”共同投身抗疫大局），构建起社区韧性以应对危机；在常态化情境中，“五社”可被动员行动以实现自治目的。

（二）行动内容：基层治理中的“五社联动”

“五社联动”是多元主体在基层社区为解决社区问题、提供居民服务、强化居民联结，从而实现社区善治的治理过程，其目标在于促进基层治理。若作为一个目标系统，基层治理主要包含两个方面的内容：一是服务供给。一方面深化既有的对困弱群体的服务，发挥“五社联动”的兜底作用，这是民政线条推行“五社联动”的基础要求，亦是社会工作者促进共同富裕、社会福祉的专业使命；另一方面，提供更多普惠性服务，以提高社区的福利水平，提升居民的生活质量，共享发展成果。二是问题的有效治理。通过形成在地的可应需动员的治理结构，推动多元主体构建良好的治理生态，解决基层治理问题，促进基层社区实现善治。

1. 共享服务：以服务弱势群体为主的供给体系拓展

现有服务供给体系存在不均衡现象，即仅强调对困弱群体的救助，而忽略了更大范围居民的服务，使普通社区居民的福利感知度低，无法切实共享发展成果，难有获得感。随着国家脱贫攻坚全面胜利，乡镇（街道）社会工作服务站铺开建设，并逐渐实现乡镇（街道）层面的全覆盖，社会工作者的角色由原有的以提供困弱群体服务的“小社工”角色转向投入基层治理的“大社工”角色，社会工作者的价值准则也应由单一弱势为先转向兼具公平正义，以辐射更多居民。作为一种新型的基层治理机制，“五社联动”完善了服务的供给体系，使更大范围的群体得以共享服务，从而提升了整体社会的生活质量，这体现在以下两个方面。

一是深化原有的服务内容，即将“五社联动”运用到困弱群体、受危机影响人群的帮扶中，丰富服务内容，提升帮扶力度。这主要是指以服务对象为中心的服务策略，即以服务对象的需求或问题为导向，社会工作者首先对其进行需求评估，然后进行方案策划，积极联动其他主体、链接多元渠道的资源来帮助服务对象的服务供给模式。与传统的困弱群体救助不同，“五社联动”的多元主体性和社会资源动员属性，将融合政府资源和社会资源，使对困弱人群的服务更多样，也更有力度。第一，“五社联动”能为服务对象匹配更多资源来满足其多样化的需求，如社区的关怀、专业志愿者的技能帮助、多种渠道的资金支持等；第二，作为方法，“五社联动”能使服务对象由“受助者”转向“助人者”，加强受助者之间的联结，将受助者变为助力社区的志愿者，挖掘受助者自身潜能，从而带动社区志愿服务等，即“五社联动”在服务中培育“五社”的机制，可使传统的社会救助向社区治理延伸，最终实现两者的融合；第三，“五社联动”将同类困弱群体的服务转化为公共需求，能促进社区服务的深化。

二是扩大服务范围，以社区居民共享服务成果为目标，提高社区居民的服务感知度。这在于“五社联动”在基层构建了社区自主的服务供给体系，使不同人群的不同层次、不同类型的需求都得以被关注，并通过服务的形式得以满足。以“腾讯公益·五社联动·家园助力站”探索经验为例，“五社联动”通过社区微公益大赛的形式建立了社会化的服务供给体系，包括社会化筹资、社会化承接服务。具体流程如下：第一步，建立社区基金账户，筹措社会慈善资源。社会工作者在地化进行互联网募集资源或通过与企事业单位、基金会等合作，为微公益大赛提供资金支持。第二步，确定公共需求与实施团队。公共需求可由社会工作者经过社区需求评估提出或由居民自主提案确定，实施团队包括了广泛的社会主体。总体而言，微公益大赛承接服务的主体准入门槛低，既有一定组织化程度的社区社会组织，也有志愿者队伍。个别专业性强的服务项目，如应急管理培训、安全培训等，在社区暂无资源的情况下会被发包给外部专业的社会组织，以保障服务的质量。第三步，实施服务，即在社会工作者的引导、指导和督导下，承接主体（居民个人、居民团队、社区社会组织等）为社区提供丰富多彩的服务内容。从赋能居民、服务本地社区的目的出发，社区期待社会工作者会对承接项目的社区社会组织和志愿者队伍进行培力，以助力其提供服务，同时社区也会要求外来的专业社会组织在提供服务的同时，对本地的同类社会组织进行培育。比如，一家上海的社区营造社会组织在被引入武汉市某社区执行一个社区营造项目的同时，也会被期待为本地培育出一支社区营造的团队。如此，“五社联动”在基层中实现了服务供给体系的社会化，使服务具有了扩大效应。

2. 有效治理：多方主体协同的生态重建

有效治理强调结果导向，要求治理有“效用”、有“价值”，与治理投入成正比。从“三社”到“四社”，再到某些地区探索的“七社”“八社”乃至“十社”，基层治理主体的数量不断累加，但各行动主体之间的本质关系和运作模式并未改变。虽然社区治理主体构成愈加精细与复杂，但其边际收益逐渐递减，使基层治理陷入“内卷化”，即投入持续增加，实际增益却很少，这是构建基层治理机制时忽略了有效治理的产出与投入比所致。

相比之下，"五社联动"的目的是促进有效治理，其有效逻辑在于构建了多方主体协同的基层治理生态。治理生态与治理情境不同：治理情境多强调外在于治理主体的静态的时空要素；治理生态则是以主体与情境的互构作为基础，强调它们之间的动态交互性。这体现为"五社联动"推动基层治理由指标式任务导向转变为以社区需求与发展为导向，即以往的治理模式往往以量化的治理指标或者政府的强势行政需求作为治理结果，使治理效果悬浮于社区需求和社区发展。"五社联动"中资源性要素的加入，创建了以社会慈善资源为助推的整合的治理循环链，治理对象范围得以由政府项目打包指定转向基层自主选择，由此重塑了基层治理过程，即发展出了以需求为本，通过项目化方式运作的治理方式。通过这样的治理方式，社区能够自主发掘需求、发动资源、组织实施，从而实现有效治理。而这也构建了协同性强、应变性强的联动治理生态，治理主体可以及时地基于治理情境进行项目化联动并重构治理情境，实现治理生态中主体与情境的双向影响。

在一个又一个项目的实施中，"五社联动"的经验沉淀下来，社区治理生态亦逐渐形成，社区治理具有了自我驱动性，因而实现了可持续性。一方面，随着治理主体的多次联动、资源的逐渐积累、流程的优化更新、主体的学习成长，治理主体联合解决社区治理问题愈加有力有效，基层治理能力得以持续提升。另一方面，治理生态将多元主体链接起来，并形成了一套协同共治机制，即如何发现需求、如何找资源、如何实施资源的治理模式，这在客观上促进了基层治理主体的深度融合，并不断形成了交互与正向反馈，并通过不断激发社会活力，使主体联动具有了可持续性。

（三）行动愿景：专业支撑的中国特色基层治理体系建设

"五社联动"的愿景是建设一种党建引领下的富有中国特色的专业支撑型基层治理体系。这一愿景具备三种特征：

第一，坚持党建引领。坚持党的领导是我国基层社区建设、发展和治理的重要优势和制度特色。党的二十大报告指出："坚持大抓基层的鲜明导向，抓党建促乡村振兴，加强城市社区党建工作，推进以党建引领基层治理，持续整顿软弱涣散基层党组织，把基层党组织建设成为有效实现党的领导的坚强战斗堡垒。”“五社联动”坚持以党建引领带动社区治理，以构建“一核多元”的社区治理体系，并在“五社联动”中积极发挥党的思想引领、队伍引领、组织引领作用，通过赋权、下沉、增效等有效举措，进行资源整合、利益融合、情感交融与文化引导，在此过程中将社会工作者、社会组织、社区志愿者、社区公益慈善资源等不同要素联动起来，形成社区治理的整体合力，从而共同构建良好的社区治理格局，推进社区治理体系和治理能力现代化。因此，在“五社联动”的治理框架下，要发挥社区党组织的领导作用及其对社区其他治理要素的引导与推动作用，打破社区内组织壁垒，畅通对话互动的关系网络，使多元要素不断汇聚到社区这一基础性平台上来，促使联动治理规模化，从而逐步推进基层社区治理共同体的构建，形成“1＋1＋1＋1＋1＞5”的合力之效。

第二，坚持立足社区。“五社联动”是基层行动框架，强调立足社区，以社区需求为本，不拘一格采用多层复合的实践方法，既涵盖社区成员个人问题解决的微观实践活动，也涵盖促进社区参与、社区实践等中观层面的活动，甚至涵盖促进街、区资源，人才建设、服务平台打造等较为宏观层面的实践活动，并通过整合的方式将直接服务与社区发展相结合，将个人需求融入公共福利中。这包含个案临床实践技能、社区实践技能，以及两个领域共同的技能运用。由此，作为基层治理行动框架，“五社联动”在基层范围内实现了社区、街（镇）、区级的多层联合治理实践。

第三，坚持专业支撑。作为基层治理专业化的最新探索成果，“五社联动”的目的在于探索社会工作者如何更有效地参与基层社会治理。“五社联动”面临着“五社”要素的发展以及如何激励其持续发展的问题，还包括如何联动“五社”以服务社区治理的问题，这都需要社会工作者通过发挥专业作用来解决。相比于“三社联动”，在“五社联动”中，因为有了在地发动社会慈善资源这一抓手，社会工作者的专业能力范围也相应扩展了（如增加了对社区基金的运作能力维度），社区对社会工作者的专业认可度也增强了。如此,作为“五社联动”的支撑,社会工作者的地位才更加稳固。基层治理专业化是基层治理现代化的一个重要维度,“五社联动”中社会工作者可促进基层治理专业化的提升,进而助推基层治理的现代化进程。

第三节 “五社联动”与基层社会治理的关系

基层治理是国家治理的基石,基层治理现代化是中国特色社会主义现代化的主要内容和重要目标。党的十八大以来,以习近平同志为核心的党中央高度重视基层治理,肯定基层治理的重要作用,为推进新时代基层治理现代化建设提供了根本依据。党的十九届四中、五中全会专门对健全党组织领导的城乡基层治理体系做出部署。至此,2021 年,《中共中央 国务院关于加强基层治理体系和治理能力现代化建设的意见》就加强基层治理体系和治理能力现代化建设的指导思想、基本原则、主要目标、重点任务、组织保障等做了前瞻性布局、全局性谋划、系统性部署,成为推进新时代基层治理现代化建设的纲领性文件,为新时代加快推进基层治理现代化提供了行动指南。

作为基层治理现代化实践过程中产生的新型治理机制,“五社联动”既顺应了基层治理现代化的趋势,又作为以专业为支撑的创新型基层治理行动框架推进了基层治理体系现代化进程。这主要体现在两个方面:一是“五社联动”与基层治理的共生关系,即“五社联动”是基层治理中治理主体多元化、治理方式专业化、治理依据人本化的产物;二是“五社联动”促进基层的治理韧性建设,帮助构建起了兼具常态化与非常态化的基层治理架构,以促进基层治理能力的现代化。

一、共生:“五社联动”创生于基层社会治理实践

基层治理是国家治理的末端,是多元主体共同管理社区公共事务的活

动。自中华人民共和国成立以来，城市基层社会的管理体制经历了从单位制到社区制的转变，而社区制又经历了社区管理、社区建设、社区治理三个阶段。进入社区治理阶段，基层经过持续探索，形成了多种治理模式，如建设社工站、“三社联动”等，凸显了基层治理中社会力量的介入和基层治理的活力。

当前的“五社联动”虽源于突发公共卫生事件的冲击，但能成为新型基层治理机制，在于其破解了原有的基层治理难题，顺应了基层治理的趋势，是实践创新的产物。相比传统的基层治理模式，“五社联动”的创新之处主要体现在三个方面：治理主体多元化、治理方式专业化和治理依据人本化。其中，治理方式专业化是指技术层面的专业思维体现，而治理依据人本化既是社会工作的专业价值体现，也是中国共产党为人民服务的基本路线要求，体现了专业价值的本土性。两者共同推动了富有中国特色的新时代基层治理中一种可能的现代化体系，即以专业为支撑的基层治理体系。

第一，治理主体多元化。从管理迈向治理，多元主体参与成为两个阶段的本质区分，也是基层治理的应有之义。但以往的基层治理实践往往着重于多元，忽略了“如何联动”这一问题，致使基层治理存在内卷化趋向，即治理资源投入多但治理成效低。而“五社联动”在实践中提出以资源作为联动动力，以“社区—社工”的嵌合作为联动基础，从社区实际的需求出发，以项目实施带动多元协同，持续卷入、搅动、扩大联动，从而解决了原有的联而不动问题。

第二，治理方式专业化。以社会工作者为专业支撑推动治理专业化是基层治理的大趋势。“五社联动”增强了社会工作的专业主体性，扩大了其专业自主空间，从而促进了基层治理方式的专业化。在以往的实践模式中，社会工作者的主要服务内容是为传统的困弱群体开展救助工作和浅层次的社区活动。社会工作者以引入社会组织的形式进入社区，其定位却被局限在做足个案、小组与社区活动数量的指标上，专业发挥受限。而“五社联动”明确提出从传统的“小社工”服务思路，转向促进基层治理现代化的“大社工"思路，即以促进社区治理为目的，在整个社区场景中，重视激活居民参与社区治理的内生动力，营造社区的治理生态。

"五社联动"给予了社会工作者在社区服务中更大的专业自主空间，以发挥更大的作用。这体现在以下两个方面：一是引入社会慈善资源，使社会工作者相对不再受限于此前的政府购买项目的周期和要求，可以切实从社区需求、社区优势资源等出发，进行可持续的服务设计和实施；二是扮演专业支撑角色的社会工作者坚持在社区治理项目实施中对社区"两委"、志愿者和社区社会组织赋能，并激励社会资源贡献者，由此逐步分级赋能，推动居民自我组织、自我治理，形成治理生态。

第三，治理依据人本化。新时期社区治理的目标应该是以人为本，体现为治理的起点是回应人的多样需求，终点是有效满足人的需求，而中间的行动过程要求基层治理工作应当遵循尊重、接纳、不评判原则，在治理过程中运用倾听、肯定等沟通技术，在进行在地服务时保持文化敏感性。"五社联动"能满足社区居民对美好生活的丰富性要求，基于广泛的差异需求，根据利益、情感和价值的相关性，分层、分群、分类动员志愿者和开发慈善资源，形成多"社"要素参与基层治理的激励机制，让人民群众的需求皆有所响应，激发他们对社区的美好感受和参与意识，并在参与中增强群体认同感和归属感。

二、发展："五社联动"促进实现基层社会治理现代化

"五社联动"有助于基层韧性和基层治理能力现代化中韧性这一维度的建设，从而构建起兼具常态化与非常态化的基层治理体系，促进基层治理现代化。近些年，韧性（resilience）一词常见于人类如何应对气候变化、自然和人为灾害的研究中。联合国减灾署最开始将韧性定义为"系统、社区或社会内部适应灾害的能力，通过抵抗和改变以达到和维持合适的结构与功能"。后来，韧性这一概念又被应用到社区研究中。社区韧性被用来指处于复杂社会生态系统中的社区在面对风险灾害冲击时，能快速适应并有效恢复正

常生活节奏的综合能力。“五社联动”则通过构筑社区治理现代化的韧性特质，来提升基层的风险治理水平，这经由两个途径实现：一是培育基层治理现代化的体系韧性。“五社联动”通过增强结构韧性的冗余度、响应的灵活性来促进体系的现代化。所谓冗余度，是指基层治理主体和资源的备用部分，是已被培育激活、可被唤醒的治理潜力。二是锻炼基层的能力韧性。“五社联动”通过充分赋能，持续提升各治理主体的能力，并形成多元合作框架来提升对环境的适应力、抗逆力，以促进治理能力现代化。

（一）“五社联动”促进基层社会治理体系现代化

体系是指一系列制度安排，是治理社区公共事务的组织体系、规则机制和策略方法的总称。体系涉及“谁治理”“怎么治理”等体制机制问题，以及社区的治理结构与治理过程。而“五社联动”的“存量主体”“应需而动”特征，旨在通过增强社区结构的冗余度、社区治理过程的灵活性来培育社区治理体系的韧性，所以基层治理呈现出精细化治理的样态。

“五社联动”通过增设两个要素扩展了存量主体格局，构建了社区结构的冗余度。韧性理论强调，为了更好地应对外界环境的变化，组织系统设计不追求对当前所需的精确应对，而是要有一定的余量。在常态化情境中，冗余的系统设计处于闲置状态，但是在非常态化情境中会立刻被触发，通过提供备用资源、分散风险，最大限度地降低损失，发挥极为重要的应急作用。“三社联动”因其联动主体少，缺乏更多的资源供应渠道，既在参与社区常态治理工作中的行动力不足，又无法促进社区的韧性建设，这使其在面对复杂的治理环境和紧急的治理任务时，存在显著的主动性弱、外部力量整合能力弱、内部碎片化等现象，因此完全无法应对此次突发公共卫生事件的冲击。与“三社联动”相比，“五社联动”增加了社区志愿者要素，扩展了社区治理的人力储备，引入了社会慈善资源这一资源性要素，依靠多元化社区资源的筹措渠道，打破了社区对政府资源的单一依赖性，提升了基层治理中的社会资源动员能力。同时，“五社联动”中增加的两个要素将达到在基层治理中“找回居民”之目的。治理中人力不足，就立足社区倡导（广泛发动志愿者）；资源不足，就立足社区开发（动员社区内外部资源用于社区），培育、突出社会力量在治理结构中的主体地位。"五社联动"的思路明确，从社区需求出发，进行小微项目设计，从利益、关系和价值相关性出发，发动志愿者参与，在社区内外募集资源，拓宽了居民参与社区治理的渠道。居民参与社区治理的门槛更低，参与方式更灵活，并在这种"小而微"的参与中加强了与其他居民的联结，增进了对社区的了解，从而增强了社区的社会资本。相较于传统的社区精英垄断治理格局，新的多元治理主体结构增加了基层治理结构的冗余度，提升了社区应对各种突发治理状况的灵活性，而这也成为其助力本次抗疫成功的关键。

"五社联动"的应需而动特征，增加了基层治理过程的反应灵活性，构建起了治理结构韧性。"五社联动"实践强调事前、事中、事后全流程的脆弱性治理路径，如从应急时期的"五社联动"介入经济援助、心理疏导，到常态化时期"五社联动"介入受疫情严重影响居民的社会融入，强调根据社区的脆弱性特质进行全流程治理，旨在提高社区面对不确定性因素时的应对力和复原力。这种治理结构韧性实现的机制在于"五社联动"使多元主体的协同具有弹性，人力动员视社区治理任务而定，可小规模亦可大规模，社会层面的资源募集在第三次分配政策促动下的发展空间可期。应需而动的联动特征在"谁要动""如何动"中给予了实践答案，即作为掌舵者的社区与社会工作者嵌合行动，彼此目标一致、互学思路、协同行动，根据具体治理项目的实施需要而联动。先联动谁，后联动谁，要素 A 联动要素 B，要素 B 再联动要素 C，尚缺位的要素也可以在实践中通过激活要素间的联系而培育出来，如此拓宽基层的治理思路，增强基层治理的灵活性。

（二）"五社联动"促进基层治理能力现代化

能力是指包括治理主体对社区的管理服务能力、自治能力、合作能力、创新能力等一系列能力的总称。治理能力现代化不仅体现为基层治理能在常态化时期稳定运行，而且也体现为能应对非常态情境。这就要求基层治理具有能力韧性，使基层治理体系能"应万变"来实现社区稳定发展与良性运转。

"五社联动"往往通过促进相关方联动实施社区治理项目，且对基层各方治理主体进行持续培力来提升基层治理能力。"五社联动"中不同的治理主体之间强调的能力特质不同。

"五社联动"项目培育了社区"两委"作为社区掌舵者的能力。在"五社联动"框架下，项目涉及多个领域、层级和资源，社区"两委"在项目实施中增强了领导力、协调力，能够发挥决策的主动性，做出因地制宜的决策，协调和控制社区各类资源，使社区系统能够主动地、自发地触发韧性，应对危机。

作为社区治理的专业支撑，社会工作者在"五社联动"中被赋予了方案制定者、资源链接者、居民动员者等专业角色。在利用"五社联动"提升基层治理能力的实践中，社会工作者推动社区改变、增加社区活力的能力增强了，能够发挥专业优势，在危急情境中也能根据社区治理水平与治理资源状况进行方案设计与实施。为了达到激发社区治理活力的目的，社会工作者的另一个重要角色是其他"四社"要素的增能者，从而培力"四社"：如对社区社会组织承接社区微治理项目进行培训；对志愿者进行激活和激励；开发社区基金，进行社区劝募，助力社区建立社区基金管理委员会，培育劝募人才等。

作为"五社联动"中的载体，社会组织在"五社联动"项目中注重培养公共治理能力，即在识别与帮扶社区的脆弱群体中，社区社会组织通过发挥组织优势促进居民深入参与，以及利用其在地化优势来开展服务。

作为社区治理的补充力量，社区志愿者也是治理结构冗余度的重要构成力量之一。"五社联动"项目旨在通过培育志愿者参与公共服务，"激活"其治理潜力，以应对危机时期的需要，故非常强调提升社区的志愿动员能力，做好志愿管理、激励和整体的志愿氛围营造，以促进志愿者可持续发展。

作为"五社联动"中的助推型资源要素，社会慈善资源是社区治理结构韧性的另一重要来源。以"五社联动·家园助力站"等为代表的社区治理项目意在为特定社区引入社会工作专业力量，通过发动居民志愿者、社区社会组织，筹措资金，实现社区问题的解决和服务的供给，构建起特定区域在人、财、物方面的自筹、自用、自我管理、自我发展的治理生态,从而实现社区培力。其中,成立社区基金是核心,其目的不仅是为特定的项目筹钱,还是通过一次次的项目筹款,培育基层筹措资源、管理资源、使用资源且促进资源可持续动员的能力。

奈斯比特(Naisbitt)在《大趋势:改变我们生活的十个新趋向》一书中提到,当代社会将在经济、社会、生活领域经历一系列新趋势,包括从集中到分散,从向组织求助到个体自助,从代议民主制到共同参与民主制的转变等,这也是现代化发展的趋势。“五社联动”基层治理行动框架以专业激发或赋能社会力量,推动多主体合作,实现自助互助、自治共治。正是在这个意义上,“五社联动”实践将在促进我国基层治理体系和基层治理能力现代化中发挥独特的作用。

第二章　“五社联动”参与基层社会治理的实践模式和治理效能

作为一种新型社区治理机制，“五社联动”已被纳入政策议程，成为“十四五”时期推进基层治理能力现代化建设的新理念和新思路。“五社联动”既不是“三社联动”的简单叠加版本，也不是五大主体的“机械联动”，其本质是要将社区“两委”、社会工作专业人才、社区志愿者、社会组织和社会慈善资源的力量调动起来，在多方优势互补、协同行动中达到“1＋1＋1＋1＋1＞5”的融合效应。因此，如何将具有差异性的力量有效整合到一个运作有序的互动网络中，从而形成治理合力，构建基层多主体联动治理的长效机制，提升基层社会治理效能，成为全国各地关注和积极探索的重要课题。

作为我国基层社会治理模式创新的产物，“五社联动”的实践探索要先于理论研究。从地方实践来看，合肥等地较早将社区志愿者和社会慈善资源引入社区建设，武汉在抗疫实践中提炼、丰富和发展了“五社联动”。基于“五社联动”的理念指引和政策倡导，湖北、陕西、云南、广东、浙江、内蒙古等地立足城乡社区，因地制宜、试点探索，逐步形成了"五社联动"的基本经验和地方模式，并在实践中取得了初步成效。本章将结合地方实践经验，进一步总结和阐述"五社联动"参与基层治理的实践模式和效能。

第一节 "五社联动"参与基层治理的实践模式

由于各地发展水平和社区资源存在差异，同时根据社区、社会工作者、社区志愿者、社会组织、社会慈善资源发挥作用和方式的不同，我国"五社联动"在参与基层治理过程中形成了不同的实践模式，主要分为以下几种：一是以主体要素划分，即分为"以社区为优势主导、以专业社会工作者为优势主导、以社会慈善资源为优势主导"的模式，或者"社区社会组织作用发挥突出型、社区志愿服务发展突出型、社区公益慈善资源筹措突出型"模式；二是按实践过程划分，即在"社区—社会工作者"嵌合的基础上，一种社区优势要素卷入其他要素渐次参与联动，具体可分为社会组织卷联型、社区志愿者卷联型和社会慈善资源卷联型三种模式。具体而言，"五社联动"的实践策略涵盖了多元主体、核心主体和协作共治三个层面。其中，多元主体指"五社"，即社区（社区支部委员会和社区居委会）、社会工作者、社会组织、社区志愿者和社会慈善资源；核心主体指向的是社区中占据优势的要素，如培育良好的社会组织、渠道多元的社会和社区慈善资源、组织有序的志愿者队伍、专业的社会工作队伍等；协作共治是指"五社"要素联与动的途径，即在多元主体自身培育的基础上，以及核心主体的带动下，"五社"协同运转、牵一发而动全身，既在"联中动"又在"动中联"。但任何类型的"五社联动"实践都是各地结合特定条件和发展环境的探索，其本质是要充分发挥社区内外的资源优势，动员行政力量、市场力量和社会力量参与到社区治理中，以实现多元主体间的紧密合作，服务和满足居民的多样化需求，进而全面实现我国基层社区的“善治”。

模式提炼源于实践。作为“五社联动”的先行先试地区，武汉自疫情发生以来持续探索和深化“五社联动”机制建设，呈现出了“五社联动”参与基层社会治理的多样化实践图景，亦为我们提供了可遵循和借鉴的模式。基于此，本节主要从湖北武汉的“五社联动”实践经验出发，探索“五社联动”的实践模式及其运作路径。根据各个主体发挥作用和各阶段策略选择的差异，“五社联动”参与社区治理主要有三种模式：行政主导型模式、项目引领型模式、枢纽驱动型模式。

一、行政主导型模式

行政主导型模式是指政府主导与社区落实相结合，基于购买服务和行政授权逻辑，动员各个主体参与社区治理的模式。在此模式中，“政府＋社区‘两委’”是基层治理的核心主体，能借助行政手段发挥整合社会资源和社会力量的优势，在短时间内调动各领域力量实现社区建设的目的，这样的运作模式类似于“行政吸纳服务”。其中，作为“五社联动”中的重要主体，政府扮演着引导、协调和监管的角色，在“五社联动”的政策制定、资源配给和服务供给决策中发挥主要领导作用，能够通过制定政策、提供公共服务、调节市场等方式，为其他主体提供合适的环境和条件，营造良好的合作氛围。社区“两委”则牵头组织协调，紧紧围绕政府中心任务开展工作，既延伸现有社区网络中的慈善资源，以“双重代理人”的身份吸纳社会组织、社会工作者、志愿者等主体参与基层治理，又通过整合人力、物力和政策资源，将“五社联动”中各行动主体的资源集中于社区这一服务平台。依托“多层级政府—社区‘两委’—社会服务”的模式，基层社区能够促使多种治理要素参与服务供给，进而从资源优化、技术支持、价值取向相融等多个维度提升服务效率和质量。一般而言，当社区各个主体发展水平较低、社区活力激发程度不足、社区面临突发性危机，以及“五社联动”发展处于试点阶段时，行政主导型模式才会成为地方首选。

武汉在"五社联动"的初期实践中就采用了行政主导型模式。党政主导建立多方联动机制，通过制度吸纳和资源下沉，激活各级力量参与治理的动能。一是制度吸纳。在继承和总结"三社联动"经验的基础上，湖北省民政厅结合抗疫实践中涌现出的社区志愿者、社会慈善资源两个要素，将"三社联动"升级为"五社联动"，并将此纳入新时代基层治理格局，制定出台了《湖北省城乡社区"五社联动"工作指引》《关于创新"五社联动"机制 提升社区效能的意见》《关于培育发展社区社会组织专项行动重点任务的通知》《关于促进乡镇(街道)社会工作发展的通知》《湖北省城乡社区"五社联动"工作指引》等多项配套管理制度文件，不仅对全面建立"五社联动"机制提出了明确要求，还同步推进了"五社联动"理论研究、标准研制、实务开展等工作。武汉市政府出台《关于深化新时代党建引领加强基层社会治理的实施意见》等"1+4"系列文件，着力完善社区党组织统一领导、各类社会组织积极协同、群众广泛参与的"一核三治五联动"社区治理格局，明确了政府购买社会组织服务、大力发展社区社会组织的具体措施，从顶层设计的高度推动"五社联动"机制落地。二是资源下沉。在"五社联动"服务试点和社工站建设中，武汉市统筹调整社区党委、社区居委会、社区管理服务站、社会工作机构、其他组织的功能和定位，使"五社联动"发挥更大作用。通过开展公益创投、社区金点子大赛等活动，武汉市培育生活服务类、公益慈善类、居民互助类等社区社会组织约有2.3万家；引导爱心企业、爱心组织等各类慈善资源下沉社区，成立社区基金近百个；下沉万名党员干部组建起应急小分队，并将其编入社区社会组织和志愿服务队，以发挥示范引领作用。可以看出，政府将社会力量予以精细化整合和有效动员，并在社区"两委"的组织协调下，推动社会工作者、志愿者、社会组织和慈善资源依次有序进入社区并参与到专业服务中，形成了政府主导、居民响应参与、自上而下推行的"五社联动"治理模式。

二、项目引领型模式

项目引领型模式是指以特定领域内发起的项目为纽带，借助社会资源和社会组织的力量，促使社会工作者、社区志愿者、社会慈善组织等各方参与，共同解决社会问题和实现社区发展目标，进而形成一种上下协调的动态联动的模式。在这种模式下，“五社联动”治理是以具体的项目为载体，依托和调动多方资源（包括但不限于财政资金和社会公益慈善资源），在项目的策划、实施、监督和评估等过程中，推动社区“两委”、社会工作者、社区志愿者和社会组织在社区层面的协作与协调。该模式的特点在于，项目成为联动的核心，被用于吸引社区内外各方参与，推动形成资源共享、协同合作的治理格局。通常情况下，项目以解决社区实际问题为目标，以培育壮大“五社”要素、推动“五社”有机融合为重点，对社区范围内的某一具体问题或事项进行治理。在具体实施过程中，该模式首先需要选定一个具体的项目作为联动治理的切入点，然后各治理主体根据自身资源和能力，选择性承担项目的策划、执行、监督等职责，最后凭借各自的专业特长、资源优势和服务能力，推动项目运作和治理工作的深入开展。在该模式中，各个治理主体不再单独行动，而是基于一个核心目标达成有效合作，在资源共享、优势互补、风险共担的基础上实现联动。其中，作为项目联动的核心载体，社区社会组织在项目运作中承担起组织和协调的重要角色，与社区志愿者和社会工作者一起致力于提升社区参与度和社区居民的主体意识。社会慈善组织和社会企业等发挥自身的资源优势，通过参与项目的内容策划和主题设计，为社区居民提供更加全面、多元的服务选择。总体而言，项目引领型模式兼顾社会效益和经济效益，既可以提升社会组织的组织能力和服务水平，又可以为企业践行社会责任提供实践平台，同时还能够提升政府的管理效率和公共服务质量，推动基层社会治理的现代化进程。因此，当社会组织建设较为良好、社区社会组织具有一定规模和实力时，项目引领型模式就会成为“五社联动”参与基层治理的主要实践方式。

在疫情防控转向常态化阶段后，加上社区复原力和社会组织能力的提升，政府开始从“完全主导”转为“有限主导”。武汉“五社联动”的范围从社会救助转向社区建设，以实施“五社联动”项目为依托，健全培训、督导、评估体系，推动"五社"要素有机联动并产生溢出效应。一是试行"五社联动"项目，打造"五社"要素融合平台。在早期，武汉基于"三社联动"和前期抗击疫情的经验，针对"疫后综合征"，引入阿里巴巴公益基金会等各类公益慈善资金，在94个社区探索实施"阿里公益·五社一心·爱满江城"社会工作服务项目，推动"五社"进入社区场域并联合心理服务专业力量发挥作用。依托"阿里公益·五社一心·爱满江城"社会工作服务项目、"华侨公益·爱满江城"服务项目、中央财政资金资助项目的入驻与实施，武汉各社区党组织充分发挥领导核心作用，引进专业社会工作力量，组建"社会工作者＋社区工作者＋心理服务专业力量＋志愿者"团队，构建起了"社会工作者＋志愿者"联动服务机制。同时借助社会工作者、社区社会组织"双百佳助力计划"的实施，武汉重点培育了生活服务、公益慈善、居民互助等不同类型的社区社会组织。在项目的推动下，"五社"要素顺利融入基层社会治理场景中。其中，社区负责提供社会工作者服务供需对接的平台，协调和落实各级党委和政府有关项目执行的政策；社会工作者针对社区需求制定专业服务方案，为居民提供定期探访、情绪疏导、陪伴和援助、困难帮扶等支持；社区社会组织、志愿者和社区公益慈善资源则在互助中发挥专业叠加效能，让社区居民享受更为优质的专业服务，化解"疫后综合征"。二是拓展项目应用场景，筑牢"五社联动"根基。中期，在"五社一心"项目的基础上，武汉继续链接慈善组织资金，依托社会工作服务机构和专业社会工作人才，在各乡镇(街道)实施腾讯公益慈善基金会、中华慈善总会的"五社联动"项目。借助项目契机，武汉配套印发了《"五社联动·爱满荆楚"社会工作服务项目示范文本》《"五社联动"服务项目工作指引》等指南性文件，同时广泛征集"五社联动"典型案例，开展"五社联动"社会工作项目，实施机构规范化创建活动，培育发展社区社会组织、壮大社区志愿服务队伍、创建社区公益基金，不断夯实"五社"根基。三是项目常态化运行，构建"五社联动"体系。武汉前期开展的"五社联动"项目以聚焦重点人群的社会工作服务为主，后期则结合现有的乡镇(街道)社会工作服务平台建设，将重点转向社区治理、新时代文明实践、乡村振兴等领域。在“五社联动”项目被纳入治理体系并常态化运行后，武汉加快推进常规运行的“幸福家园”村社互助项目、社区基金培育项目，以配齐“五社”要素的方式推动“五社联动”机制的构建和稳定运行。可见，项目吸引社会工作力量进驻社区，并撬动了社区志愿组织、社区社会组织的力量，构建并增强了“五社联动”机制的结构韧性。

三、枢纽驱动型模式

枢纽驱动型模式是指以社区某一个或几个优势要素为枢纽，协调和带动其他要素联动发展，形成“‘一社’凸显，‘五社’联动”格局的模式。其基本思想是由具有中心性的枢纽组织来带动社区中社会力量、行政力量和市场力量之间的合作，从而达到优化资源配置、提升服务效率的目的。该模式的核心在于确立一个要素作为枢纽，其可以是一家独立的机构，也可以是社区委员会等治理结构的一部分。在“五社联动”机制中，枢纽组织通常为社区本身具备的优势要素，如蓬勃发展的社区社会组织、成熟的志愿服务团队、资源丰富的社区基金会、扎根的专业社会工作队伍等。作为服务推动者，枢纽组织应具备强大的组织能力、资源整合能力和协调能力，能够与社区、政府、企业和非政府组织等多个主体建立联系，并有效地引领各参与主体的合作。在这种模式下，枢纽组织扮演着联动与协调的角色，通过搭建服务平台、引领项目、资源链接、评估培训等方式，将社区中的不同主体组织起来，形成一条联系紧密、协同性强的工作链，共同推进和优化社区治理，从而提升社区治理和服务的效率和质量。在常态化运行阶段，武汉的“五社联动”机制在社区发展、社区治理、社区建设的各方面表现出显著效能。各社区充分运用自身优势资源，在项目运作和日常治理中探索出了以社会工作、社区基金会、社区志愿组织等主体为枢纽的实践模式，具体分为社会工作组织驱动型、社区基金会驱动型和社区志愿组织驱动型。

一是社会工作组织驱动型。作为“五社联动”的枢纽主体，社会工作者以其与社区（党委与居委会）在关系与结构上的深度嵌合为基础，建立社区服务平台,通过联合社区“两委”启用社区内部的优势要素,实现对社区社会组织、社区志愿者、社区慈善资源的开发和运用,促使“五社”要素有效联结与融合。主要有以下三种实践路径。其一,在社会组织蓬勃发展的基础上,“社会工作者—社区”联合启动社区社会组织优势要素,既引入外部社会组织,又基于业缘或趣缘培育相应的本土性社会组织,联动开展社区志愿服务、吸纳志愿者骨干、孵化志愿者队伍,同时志愿者队伍又可成为社区项目的慈善资源要素来源和实施载体,即形成“‘社会工作者—社区’—社会组织—社区志愿者—公益慈善资源”的联动路径。如武汉市武昌区东亭社区的社会工作者与社区“两委”一起,结合社区老年党员干部多的特点,建立“社区学校”,以鼓励有文化和特长的老人对其他社区居民开展文化艺术教育,实现居民自治。社会工作者通过培育社区老年学校,挖掘社区老年人才,再依托其建立“班长议事制”,引导社区居民协商议事、解决社区公共问题,推动社区自发成立了多个自治小分队、社区社会组织,形成了社会工作者支撑下社区社会组织发展并带动各要素参与社区治理的有效路径。其二,在志愿服务基础好的前提下,“社会工作者—社区”联合启动社区志愿者优势要素,通过培育和塑造社区公益文化和志愿精神,激发社区居民的参与意识,进而挖掘社区精英和领袖;通过建立志愿服务激励机制、组织志愿者队伍、实施志愿服务项目等方式,激活社区公益慈善资源并将其用于培育社区社会组织、实施社区发展项目,在联动中提升社区共建共治共享的活力,形成“‘社会工作者—社区’—社区志愿者—公益慈善资源—社区社会组织”的联动路径。如武汉市汉阳区七里一村的社区“两委”和社会工作者一起,结合社区自管党员多的特点,大力宣传革命精神和营造红色文化氛围,鼓励社区党员和退休老军人参与社区治理,通过打造“社区志愿服务时间银行”和“共享一小时”等社区项目,先后孵化并培育退伍老兵志愿服务队、“红喇叭志愿服务队”“红牛社区维修队”等常规运行的社区志愿服务组织,提高了社区居民参与社区服务的积极性,拓宽了社区慈善资源的吸纳渠道。其三,在社区慈善资源开发和运用良好的前提下,“社会工作者—社区”联合启动慈善资源优势要素，立足于社区自身需要和居民特长设计社区公益慈善项目，以发动社会组织、社会工作者、社区志愿者参与社区服务，形成“‘社会工作者—社区’—公益慈善资源—社区社会组织—社区志愿者/志愿组织”的联动路径。如武汉市洪山区保利心语西区社区的社会工作机构有效运用社区居民的特长资源，组织他们将创作的剪纸、插花等成果进行公益义卖，有效激活社区人力资源。基于此，该社区和社会工作者联合打造了“银龄学院”，开展社区教育以服务社区居民，同时对接培训市场，实现培训课程和资源跨社区、跨平台输出。经社区居民同意，义卖所得和培训所得被纳入社区慈善基金，用于后期开展社区服务和社区项目，以提升社区居民的参与度和社区凝聚力。

二是社区基金会驱动型。作为链接各方资源、回应居民需求的枢纽，社区基金会兼具“公益组织”与“资金运作”的双重属性，可以通过资金资助、项目开发等方式，带动“五社”要素渐次加入，进而构建本土社区服务网络。在这种模式下，社区基金会内化社区慈善资源和引入社会慈善资源，并将其用于社区民生项目、培育社区社会组织等，以资金资助的形式动员社区社会组织和社会工作者设计并参与服务项目，或通过“时间银行”等制度设计将社区中的组织和居民连接到同一平台上，形成“社区基金会—社会工作者/社区社会组织—社区志愿者—社区服务”的运转模式，以促进社区的可持续发展。针对社区存在的问题，社区基金会首先开展研究并制定合适的活动或项目方案；社会工作者协助社区基金会开展社区需求评估、社区问题研究等工作，为社区基金会提供相关信息并参与相关社区项目；社区志愿者和社会组织则是社区基金会的重要合作伙伴，通过社区基金会获得更多的资源和服务支持，同时也为社区基金会提供反馈和建议。如武汉光谷花山街社区基金会是花山街与九三学社东湖高新区委员会共同推动形成的社区治理平台，由花山街道办事处和 13 家村改制公司发起成立。该基金会自成立以来，链接社会公益和慈善资源，立足花山街，聚焦社区多元治理、就业助学、帮扶救助、养老等关键领域，通过发起“就业超市”“爱心超市”“花漾育学”和“慈善惠老暖夕阳"四大公益品牌项目，动员联结社会工作服务机构、社区志愿者、政府机构、企业、居民等各个主体力量，共建共享社区资源，推动塑造了社区共同体意识。在该基金会的引导和支持下，社区本土酝酿的"爱心超市"活动有了资源和项目支撑，并新增了帮扶救助的内涵，在弘扬社区公益慈善等方面持续发力。同时，该基金会于 2022 年主办社区首届"微创业"大赛，联合专业社会工作者、机关干部等主体组成导师团队，指导和带动辖区居民参与创业，既满足了居民的创业需求，又有效推动了社区就业问题的解决，同时激活了社区万众创新、大众参与的动力。

三是社区志愿组织驱动型。社区志愿组织与其他要素具有天然的联系，它首先通过承担社区建设中的常规工作，依托志愿服务积分制度等机制设计，能及时发现社区内在的需求，并以此为契机进行资源匹配，设计志愿服务项目或活动，然后与社区内的社会组织、社会工作者合作实施，达到促进社区内部发展的效果。在这个过程中，通过与社会工作者、社会组织持续合作，社区志愿组织的专业能力得以不断提升，进而在社区治理中占据主导性作用。疫情转入常态化防控阶段后，武汉加大培育社区的内生性力量，将新冠疫情防控期间党员干部下沉社区的做法常态化，形成"群众点单—社区派单—下沉单位（党员）接单"的服务模式，构建起了机制化的志愿服务动员体系。如武汉市武昌区江零社区将工作事项细分为组织领导型、专业技能型、应急突击型和普遍适用型四大类，组织下沉单位（党员）以己之长定岗，共同参与到居民协商议事、社区服务队伍组建、志愿服务活动中，推动基层社会治理纵向到底延伸。武汉市江岸区谌家矶街天兴花园社区依托党员下沉机制，组建了"党员志愿服务队""志愿突击队""应急小分队"，同时借助"安全家园项目"组建了谌家矶街天兴花园社区志愿者救援队。该志愿者救援队又以社区党员为力量"核心场"，打造了"星星力量守护社区平安 · 五社联动党员志愿先行"志愿服务项目，既联合谌家矶街道五个社区的党员们开展"社区安全计划"，指导和强化社区党员和志愿者救援队对各类急救知识的学习，又协助社区制定"家庭—灾害隐患点—社区"三级应急预案，动员社区开展家庭风险排查、应急演练等活动，将社区居民培育成家庭、社区、街道场域的安全员。同时，该志愿者救援队还通过协助街道社会工作服务中心开展项目，与当地社会工作机构建立了良好的合作关系。以此为基础，该志愿者救援队联合武汉市万帮社会工作服务中心发起了“童伴计划”，通过招募并动员社区志愿者、社区内爱心人士，推动多主体共同参与构建儿童安全监护、成长支持、生活关爱的社区支持网络体系，获得了所在街道里的社会组织、企业的支持。在深化“五社联动”机制的过程中，武汉常态化执行党员下沉机制，既不断夯实社区志愿力量，动员各个主体深度参与基层社会治理，又推动社区志愿组织服务的项目化、品牌化，用活社区内部人力资源，强化各个主体的参与度和联结度，提升了社区公共服务的水平，增强了社区居民满意度。

整体而言，三种类型的实践模式充分发挥了各个主体的专业优势、资源优势和群众优势，并以此为支点，撬动其他主体参与联合共治。行政主导型模式下，社区“两委”作用发挥突出，体现了阵地联动的优势；项目引领型模式下，社会组织服务载体作用发挥突出，体现了资源联动的优势；枢纽驱动型模式下，社会工作组织、社区志愿组织、社区基金会作用发挥突出，体现了主体联动的优势。同时，地方在推行“五社联动”机制发展的不同阶段，往往会运用一种或多种实践模式，如枢纽驱动型模式的稳定运行通常也会以项目引领为手段。武汉的实践经验表明，“五社联动”是一个动态发展的过程，在社区发展初级阶段可能需要政府力量的强势主导与推动。但当社区建设具有一定基础后，“五社”主体逐步拥有基本的发展条件和空间，政社之间的关系便从控制、吸纳转为合作。此时，在城乡社区内需的驱动下，“五社联动”机制便能被运用于基层社会治理的各领域，以组织运转的形式促成“上位”与“下位”之间的双向循环，提升社区治理的内驱力。与之对应，“五社联动”参与基层社会治理的行动策略和治理成果也存在阶段性差异。例如，在武汉全面抗击新冠疫情阶段，公益慈善资源空前丰富，社区志愿服务、社会工作专业服务极其活跃，组织之间的联结格外紧密。这为“五社”的联动提供了良好的条件，让各个主体能够聚焦到社区居民生活的供给困境上，一起参与到社区应急治理中。但随着风险管控的常态化运行和基层治理现代化的推进，社会慈善资源、下沉党员等依序退出社区场域，基层社会的志愿力量、社会慈善资源、社会工作服务的重心等较疫情防控期间均有所改变。因此，各个治理主体必须适时改善、动态调整，根据所处的发展阶段和基层特点，采用合时宜、合逻辑、合发展的实践模式，以实现"五社联动"机制运行效果的最大化。

第二节 "五社联动"参与基层社会治理的效能

"五社联动"的实践模式呈现出多样化的图景，体现出基层治理正在向"平台综合体、主体多元化、力量专业化、资金多渠道、形式项目化"发展新格局转变。各地实践证明，"五社联动"机制在推动建立多元治理体系、优化社区治理结构、促进社区公民参与、提升公共服务品质等方面，展现出良好的效能。在新冠疫情防控中，"五社"高效运转、各展所长、优势互补，在凝聚社会力量、汇聚社会资源、提升社会服务精细化程度、激发社区共治和居民共同体意识等方面，发挥了重要作用。随后，"五社联动"不断拓宽应用场景，在提升社区韧性、推动社区建设上持续释放动能。作为基层治理创新的新模式，"五社联动"为社区发展注入了新动力，带来了新变化：社区社会组织培育力度进一步加大，城乡社区治理主体得以丰富，社区居民的组织化程度不断提高，形成了多元主体良性互动、基层治理高效运转、社区氛围充满活力的局面。

一、增强基层治理能力

多元治理、多方联动是国际社会共同选择的趋势，也是中国在推进从

“管理”走向“治理”过程中的重要举措。“五社联动”的本质就是通过多元主体共同参与到社区事务，实现协同共治，以构建起“共建共治共享”的治理格局。社区、社会组织、社区志愿者、社会工作者和社会慈善资源的有机结合，为社区居民、社会企业和政府部门等多主体参与创造了新的空间，有助于提升社区治理的民主化水平。一是夯实了社区治理平台基础。如针对社区老年人多、退休职工多的特殊情况，汉中市城固县老庄镇陕飞第一社区党支部统筹“五社”力量，组建居民事务服务协会，将五方力量拧成一股绳，24 小时为群众提供生活物资配送、水电应急维修、卫生保洁和安防巡逻值班等服务，受到社区居民一致好评。武汉市江岸区一元街道探索建立“机构社会工作者＋本土岗位社会工作者”的社区社会工作室运行模式、“项目经费＋惠民资金＋慈善资源”三方资金的投入方式、“常规服务＋特色服务”并行的服务机制，在人、财、物上发力，促进多方主体的紧密融合，为构建“共建共治共享”治理格局助力。二是增强了多元主体在治理过程中的协调性。如浙江省金华市以项目为载体，发动社会各界力量参与困境儿童帮扶工作，打造“五社＋”部门联动子场景，实现了 10 多个部门的业务整合。56 家社会组织加入该平台，组建注册了 147 支乡镇(街道)级护童志愿服务队。福建省福州市社会工作联合会、社会组织(社工)创业园与地方高校开启政校合作项目，聚焦社区空间营造、社区居民需求、公共问题解决、社区文化建设四个方面，打造示范项目，在一年多时间内，促使 38 个社区与 500 多个驻区单位实现了共建联盟，成立了 400 多家社区社会组织、200 多支志愿服务队伍。可见，“五社联动”构建起了一个综合服务体系，通过平台打造、队伍建设、资金链接等方式，不断夯实基层治理的根基，充分调动社区不同主体的积极性，给社区居民带来了新的体验。各项主体要被充分动员并参与社区建设，且在各自的定位上实现与其他主体的互嵌互构、互利互生，有效增强社区治理的能动性。

二、提高基层治理韧性

社区韧性也被称为社区抗逆力，是一种基于社区自身资源的防灾抗灾、自救自保能力。作为基层社会的细胞,社区不仅是联结政府、组织、居民三者的桥梁,也是社会风险管理的一线阵地。社区要实现可持续发展,需要具备在各类危机中基本保持原有功能和迅速应对、适应变化的能力。当危机发生时,社区韧性的强弱直接关系到基层治理的效果。“五社联动”机制以多元主体参与、资源共享、队伍建设等方式,能够增强基层社会的组织能力和应急管理能力,提升社区的自我调节能力和危机应对水平。在“五社联动”机制下,各个主体能在突发事件应急响应中迅速形成资源合力、快速形成战斗力,让社区在面对危机冲击时更具韧性,表现出能抵抗风险的危机承受能力、主动响应能力和资源动员能力。如陕西省西安市搭建“云社工”平台,将社区与社会组织、社会工作者、社区志愿者和社会慈善资源等联结起来,依托精准匹配和专业社会工作方法,快速有效地回应社区和居民需求。在联合抗疫行动的一个月时间里,该平台联合筹资千余万元,为上百个社区和单位提供抗疫、保暖、食品和消杀物资。其中,4 000 多名线上志愿者提供一线志愿服务,3 000 多名线下志愿者提供上门信息核查、扫码测温、核酸检测、物资搬运派送、送急需药品和奶粉等社区常规服务,极大地发挥了基层支持网络的作用,提高了基层社区的防疫能力。广州市番禺区设立 275 个“五社联动”工作委员会,分别由社区居(村)委、社区企业或社会组织负责,社区内人大代表、政协委员、老党员、老干部、乡贤等成员组成,协调多方主体共同参与社区治理和服务工作,为当地防疫工作提供了有力支持。数据显示,在新冠疫情防控期间,番禺区运用“五社联动”机制有效调动了居民、志愿者等各类资源,调派社工站社会工作者、发动社区志愿者上万人次,服务一线防疫工作者、复工人员、残疾人、困境老人、流浪乞讨人员和其他困难群众上千人次,有效提高了基层社会的抗风险能力。可见,以“五社联动”机制为中心构建起的治理共同体能在危机突发时发挥出强大的保护作用,让社区居民可以在地方政府失灵时实现有效自救,让国家和社区可以在举国体制之下有效地实施社会动员。

三、拓展基层治理资源

治理资源是推进基层社会治理的重要保障，它不仅直接影响着社区治理的质量和效益，而且也是社区治理的重难点之一。通常而言，资金来源渠道的多样化有助于提升社区治理的可持续性和公平性，提高社区治理的效能和公信力。然而，传统的社区治理通常依赖于政府的财政支持，存在资金来源渠道单一、政府资金占比过高、资金使用效益不高、非财政资金管理不规范等问题，难以有效满足社区发展的诸多需求。“五社联动”吸纳了社区志愿者和社会慈善资源两大要素，让社区获取资源的渠道更加丰富和多元。在“五社联动”模式下，社会组织、志愿者、慈善组织等非政府力量将技能、理念和资金融入社区建设，能够打通基层治理主体之间的信息壁垒，实现资源共享和互补，为社区提供更具获得性的资源链接路径，有效提升社区的资源调配能力。在“五社联动”机制下，社区基金会、社区社会企业得以探索与运行。这不仅拓宽了社区获取资源的路径，破除了政府财政资金短缺给社区发展带来的制约，还进一步激发了社区自身的活力和能动性。如 2020 年以来，武汉与腾讯公益慈善基金会、阿里巴巴公益基金会等合作，灵活运用慈善资金在 94 个社区实施“五社联动”社会服务项目，引导各类慈善资源下沉社区，依托省慈善总会村社互助平台，成立几十支社区慈善冠名基金，吸引爱心捐款用于社区特殊困难群众关爱帮扶，激发居民自治活力，在助力疫后重振方面发挥了积极作用。武汉市汉阳区通过“无人超市”“公益银行”“社区冠名基金”等，引进、配置更多社区公益慈善资源，极大地激发了居民参与社区治理的动力。依托“五社联动”机制，广州市番禺区利用社区基金开展“慈善社区我先行”党员带头参与慈善募捐行动，实现困难群众“微心愿”上百个，链接社区（村）企业上千个，推动近 2 000 家社区企业参与爱心捐款，16 个行业商（协）会参与开展社区（村）微创投、微心愿、微改造等微项目，有效满足了居民的需求。可见，“五社联动”机制的运行拓宽了社区获取资源的渠道，促使更多的资源和力量能够流向基层，带动社会资源向社区社会资本转化,提升了基层治理资源的利用效率。

四、促进社会工作专业发展

社会工作在基层治理中发挥着推动社会进步、促进社会和谐和维护公平正义的重要功能。通过提供专业的服务和支持,社会工作能够改善社区居民的生活质量,增强社区凝聚力和自治能力,实现社会的可持续发展。但长期以来,社会工作在基层治理中多被视为一种辅助性的服务力量,常面临着角色定位不清、跨部门合作困难、资源匮乏、专业认可度不高等实践困境,专业发展和作用发挥受限。“五社联动”将社会工作从原先的偏边缘位置推向前台,为社会工作专业发展提供了广阔的空间和多元化的支持,推动着社会工作专业水平的提升和行业发展的全面进步。一方面,“五社联动”是社会工作专业发展的创新实践,为社会工作专业体系建设奠定了坚实的基础。这一联动机制突破了传统的行业界限,让社会工作不再孤立于基层治理体系之外,而是与其他主体一起,构成一个相互关联、互为支撑的体系,从而能在更大范围内发挥作用。这种跨界合作的模式促进了多领域知识、经验和资源的共享,为社会工作专业发展提供了新的思路和空间,有助于扩大社会工作的影响力和实践范围。同时,在“五社联动”实践中,社会工作服务机构积极参与社区规划与康复、社区问题解决、社区发展等方面的工作,为社区提供了更多层次、多元化的支持和服务,从而成为基层治理的重要驱动力量。另一方面,在“五社联动”机制的推动下,国家相继出台了一系列鼓励和支持社会工作发展的新政策,内容涉及专业人才建设、加大资金投入、设立专项基金、提供组织保障等多个方面,为社会工作专业发展创造了良好的政策环境,并提供了资源保障。《2023年中央财政支持社会组织参与社会服务项目实施方案》专门提到:“面向乡村振兴、开展‘五社联动’工作等重点省份,资助地方性社会组织开展‘一小一老’专业社会工作服务。”各地也根据实际需求,采取合宜的制度设计,大力推动乡镇社工站、社会工作人才队伍建设,加快构建社会工作三级服务体系,试点开展“五社联动”社会工作服务项目。这一系列举措的执行与落实极大地促进了社会工作专业发展。总体而言,“五社联动”的实施为社会工作行业创造了全新的机遇和平台,既明确了社会工作参与基层治理的实践定位,赋予其在基层治理体系中的合法身份,又为社会工作专业发展提供了极其丰富的资源保障。在“五社联动”机制下,社会工作参与基层治理将大有可为。

五、丰富公共服务内容

社区公共服务是指政府和社会力量为满足社区居民的基本生活和社会发展需求而提供的服务,是基层治理工作的重要组成部分,其质量和效益对于维护社会稳定、促进经济发展、增进民生福祉具有重要作用。社区公共服务的供给直接关系到居民的幸福感和满意度,同时也是衡量基层治理工作质量的重要指标。然而,在当前的社区治理中,公共服务普遍存在着服务内容单一、服务质量参差不齐、服务效率低下等问题,亟待完善。这些问题严重影响着城乡社区的发展和居民对美好生活的追求,连带着基层社会的治理服务能力和效能也受到怀疑。在这样的背景下,作为一种创新的社区治理模式,“五社联动”为社区公共服务提供了新的思路和方法,在提升基层治理服务水平方面发挥了积极作用。联动机制整合了社区内外政治、文化、社会、人力和经济等多方资源,推动社区基本公共服务的供给更加多样化、精准化、精细化。其中,社会组织、志愿者、社会工作者等非政府主体对服务质量的提升发挥了重要作用。这些主体能够因地制宜地提供贴近居民需求的服务,如开展文化娱乐活动、提供老年人日间照料服务、开设儿童托管班等。这些服务不仅满足了社区居民的实际需求,还增强了社区凝聚力和归属感。同时,社区公共服务水平的提高也为社区发展提供了坚实的基础,促进了社区的可持续发展。如武汉市江岸区球场街道依托街道级社会工作服务站链接公益资源,充分发挥基层“五社”优势力量,将社区便民集市开到了居民“家门口”,设立多个志愿服务摊位,为居民提供便民义剪、维修、健康义诊、防火防灾知识宣传等服务,获得了辖区内居民的广泛好评。襄阳市以“五社联动"为核心理念，探索"一中心、分站点"家庭社会工作者签约服务模式，由专业社会工作者为不同的困弱群体提供心理疏导、技能培训、社区康复等精准化、精细化和专业化的服务，有效弥补了社区公共服务的短板。浙江省嘉兴市海盐县通过开展"双社双百"工作，积极推动百名社会工作者进入矛盾调解中心，发动"盐和"社会组织服务队等服务队伍，促进社区服务由"普惠式"向"专业化"转变。

六、激发社区参与活力

社区活力的激发和社区秩序的构建是现代社会治理的核心任务，对于维护社会和谐稳定、提升社区发展水平、促进民主进程和实现"善治"目标具有重要意义。其中，民主参与是"善治"的核心要素之一。它强调社区治理应建立在居民自主、平等、有序的基础之上，充分发挥居民在社区治理中的积极作用。然而，过去的实践表明，作为基层社会的重要阵地，社区的治理难点依旧在于居民参与。由于基层治理主体分散、社会经济发展不平衡、群众参与不足、社会力量协同不够，社区活力不足和社区秩序混乱的问题仍长期存在，影响着社区居民的生活品质和幸福感。作为协同治理的创新机制，"五社联动"是政府从管理向善治转变的有效途径，体现的是多元主体参与社区公共事务的互动过程。在"五社联动"机制下，各方力量依托搭建的社会组织孵化基地、社区协商议事平台、乡镇社工站等枢纽型平台，共同参与到社区管理中，在社区内形成了"共商共建共治共享"的良好治理秩序，推动了社区共同体向社区治理共同体的转型升级。一方面，社区社会组织和志愿者的参与，不仅有利于传递正能量、维护社区和谐，还有助于提升居民的文明素养和法治意识。另一方面，"五社联动"还通过整合社区资源、打造社区文化品牌，吸引了社区场域内外更多居民、社会组织和志愿者的参与，激发了社区居民的参与热情，提高了社区居民对治理事务的参与度和信任度，从而形成了良好的社区文化氛围，增强了社区的凝聚力和稳定性。如在"五社联动"项目实施过程中，武汉建立起矛盾调解和社区协商机制，组织居民参与“老旧小区微改造”，孵化培育纠纷调解类社区社会组织，不断提高居民参与社区治理组织化程度，增强了社区凝聚力和向心力。广州市番禺区依托“五社联动”机制，建成275个村(居)城乡议事厅，搭建起“有机构、有场所、有制度”的城乡社区协商议事平台，从而落实“四议两公开”制度，解决如集体资产处置、基础设施破损、治安防范、小区车辆乱停乱放、小广场管理、宠物管理等民生实事。群众参与社区建设的积极性也在这个过程中被充分调动起来。可见，“五社联动”的关键在于通过将社区居民的需求置于服务的核心位置来鼓励居民主动参与社区建设。在“五社”的联动中，更多贴近居民实际需求的社区服务被打造出来，社区氛围也从过去的“社区管大家”向“事事大家管”转变，社区逐步朝着自治和自我管理方向发展，从而增强了社区居民的自我意识和自我价值。同时，社区居民在参与的过程中能感受到各个主体的努力和投入，进而对社区更加信任和认同。这种内化的自治意识和认同感，对于社区的可持续发展和基层治理的民主化都有着积极的意义。

第三章 “五社联动”中的社区

第一节 社区的角色和功能

依据是否从事农业生产活动，社区可以被分为城市社区和农村社区。简言之，城市社区是以从事非农业生产活动为基本特征、人口相对集中的社区；农村社区是以从事农业生产活动为基本特征、人口相对分散的社区。社区既是社区工作的基础平台，也是社区工作的主体力量。“五社联动”的关键在于社区。作为平台，社区是指以地缘为基础，以适度的管辖人口和半径为条件，以居民的认同感、归属感为前提，按照有利于管理、自治、资源合理利用和提高工作效能的原则所进行的区域划分。作为主体，社区是指对所在区域实行自治管理的主体，即城市社区的居委会和农村社区的村民委员会（以下简称“村委会”），两者合称“居（村）委会”。本章所述“五社联动”中的社区，即指在社区党组织的领导和乡镇（街道）政府的统筹安排下，管理城乡基层社区的主体——居（村）委会。

一、“五社联动”中的社区角色

（一）社区角色的演变

作为基层社会治理的群众自治组织，社区居（村）委会在基层社会治理中发挥重要作用。改革开放前后的社区角色有着根本性的变化。

1. 改革开放以前的城乡社区

改革开放以前，城市社区以单位制为主导，农村社区以人民公社为主导，社区治理以政府主导为主要特征。从城市社区看，虽然 1954 年 12 月 31 日全国人民代表大会常务委员会第四次会议通过的《城市居民委员会组织条例》规定了居委会是群众自治性的居民组织，但是国家为了稳定新生政权而形成的城市居委会并不是居民自发的组织形式。这是因为这一时期的居委会是在废除旧的基层组织形式——保甲制——基础上进行的制度设计和组织创新，也是基层政府为完成国家的各项任务而进行的工作方式创新，政府在其中发挥着主导作用。在整个计划经济时期，居委会更多依附于“单位制”组织而发生作用，处于辅助性的地位，其主要功能为单位组织所代替。

从农村社区看，1958 年 8 月，中共中央政治局扩大会议通过了《中共中央关于在农村建立人民公社问题的决议》，推行人民公社化运动，撤乡镇并大社，以政社合一的人民公社行使乡镇政权职能，农业生产合作社改称生产大队。人民公社下辖生产大队，成立大队管理委员会，公社干部为国家干部，大队干部一般由脱产或不脱产的村民担任。大队下辖生产队，设立队务委员会，选举队长、副队长、妇女副队长、会计（兼记工员）、保管员。人民公社实行政社合一体制，农村居民生活于人民公社之中，农村社区形成了国家行政权力和社会权力高度统一的局面。

2. 改革开放以后的城乡社区

改革开放以后，城乡社区均进行了改革，角色也发生了根本性转换。从城市社区看，随着市场经济改革不断深入，单位大范围解体，依赖“单位制”

的基层治理模式难以持续，社区居委会的自治职能开始显现。1989年，第七届全国人民代表大会常务委员会第十一次会议通过《中华人民共和国城市居民委员会组织法》（以下简称《组织法》），1954年通过的《城市居民委员会组织条例》被废止。《组织法》指出，居委会是居民自我管理、自我教育、自我服务的基层群众性自治组织。2010年，中共中央办公厅、国务院办公厅联合印发的《关于加强和改进城市社区居民委员会建设工作的意见》，首次从组织者、推动者和实践者的角度肯定了社区居委会在居民自治中的重要地位，重新明确了社区居委会是居民自我管理、自我教育、自我服务的基层群众性自治组织。城市社区居委会在推进国家治理现代化中承担着双重治理职责和治理功能，既要行使好国家权力，也要充分维护好居民权利。2015年，民政部、中央组织部印发《关于进一步开展社区减负工作的通知》（以下简称《通知》）。《通知》从依法确定社区工作事项、规范社区考核评比活动、清理社区工作机构和牌子、精简社区会议和台账、严格社区印章管理使用、整合社区信息网络、增强社区服务能力七个方面，对进一步开展社区减负工作提出明确要求。2018年，修订后的《中华人民共和国城市居民委员会组织法》规定：居民委员会是居民自我管理、自我教育、自我服务的基层群众性自治组织。同时，该法适用于乡、民族乡、镇的人民政府所在地设立的居民委员会。

从农村社区看，1982年《中华人民共和国宪法》首次提出"村民自治"，这是广大农民群众直接行使民主权利，依法办理自己的事情，创造自己的幸福生活，实行自我管理、自我教育、自我服务的一项基本社会政治制度。1987年，第六届全国人大常委会第二十三次会议通过了《中华人民共和国村民委员会组织法（试行）》。随后，在全国范围内各地普遍开展乡村选举，村民自治开始进入制度化运行时期。1994年，民政部印发《全国农村村民自治示范活动指导纲要（试行）》的通知，进一步提出"四个民主"，即必须抓住民主选举、民主决策、民主管理、民主监督等关键环节，提高村民自治水平。2018年修订的《中华人民共和国村民委员会组织法》明确规定：村民委员会是村民自我管理、自我教育、自我服务的基层群众性自治组织，实行民主选举、民主决策、民主管理、民主监督。此外，《中华人民共和国村民委员会组织法》还对村委会的职责做了详细的规定。

综上所述，中华人民共和国成立以后，城乡社区的角色均经历了一个由政府主导—政府社会双重角色—逐渐社会化的转变过程，而社区社会化的自治过程需要多元主体的积极参与。“五社联动”便是新时代随着社区角色的变迁，立足社区，坚持党建引领，通过社区平台和社区居委会，联动社会工作者、社会组织、社区志愿者，撬动社会慈善资源，构建社会关爱服务体系，形成共同解决社区问题的多主体协同参与社区治理的新机制。

（二）社区角色的定位

1. 平台搭建者

如果说“五社联动”是“1＋4”，那么社区始终是前面的“1”，是基层社区治理的核心力量。社区居（村）委会是党和政府在基层的执政基地，是党和政府建设社区的代言人。作为平台的搭建者，社区居（村）委会的主要任务如下：一是将政府部门的行政性资源传递到社区治理场域，提供政策倡导和资金支持，同时将居民诉求集中起来向上传递给政府部门，打通上下信息沟通的渠道；二是链接外部社会慈善资源和支持性社会组织，为社区扩大资金和人力资源；三是引入专业社会工作机构和社会工作者，为社区社会组织培力，提升社区社会组织的服务能力和水平；四是培育社区志愿者，并以组织化的形式激发社区居民参与社区公益事业的热情，实现社区多元主体协同互动，为“五社联动”提供平台、夯实基础。

2. 党建引领者

疫情防控期间，各地已经开始全面推行机关企事业单位党组织和党员“双报到”制度，即要求机关企事业单位党组织到所在地社区报到，实行共驻共建；在职党员到居住地社区报到，组织其他党员开展志愿服务。此后，党员干部下沉社区工作逐渐常态化，并产生了显著的治理效果。2022 年，习近平总书记在党的二十大报告中指出：“加强城市社区党建工作，推进以党建引领基层治理。"党建引领基层治理已然成为社区共同体中最核心、最关键的要素和重心下移的重要举措。在"五社联动"中，社区党建工作的重点就是通过社区党组织建设，充分整合社区资源，发挥社区内各组织、各团体的作用，构建以社区党组织为核心，以社区居（村）委会为主体的多方共建共治共享的治理共同体。

3. 多元力量的整合者

党建引领下的社区党组织和居（村）委会是"五社联动"的开关，是牵头整合与系统联动多元社会力量的核心。一个社区能否形成合力，与社区"两委"尤其是社区（村）书记的大力支持密切相关。正如俗话所说"老大难、老大难，老大重视就不难"，作为社区的"老大""一把手"，社区（村）书记是整合社区力量、解决社区问题的关键角色。在社区（村）书记带领下的"两委"，可以为初创阶段的社区社会组织提供场地设备、能力建设和小额补贴等支持；可以将符合区域发展需求的社会组织和社区志愿者引入社会服务的供给中来，将部分权力下放给多元社会力量，赋予其参与社区社会事务供给的身份符号，同时配套和引介充足资源，为社会工作者和社会组织等力量的入场奠定物质基础，以便更顺畅地开展社区服务。

二、"五社联动"中社区的功能

依据城乡社区的相关政策文件规定和实际运行需要，当前社区主要具备经济、政治、服务、教育、卫生、娱乐等功能。"五社联动"有利于推动社区充分发挥这些功能。

（一）推动社区经济发展

社区一般都具有经济的功能，包括一定的生产、分配和消费功能，主要是满足社区居民的基本生活需要。不同类型的社区因经济生产活动不同，构成了不同的经济功能。城市主要以工业、商业、服务业和金融业等第二、第三产业为主，因此城市社区的功能涵盖商业、旅店、餐饮、金融和其他服务性行业，并为广大的城市和农村居民提供就业、谋生的场所和机会。农村则以农业生产，如农、林、畜牧、渔业等第一产业为主。由于农村实行土地集体所有制，所以农村社区是农村居民进行农业生产活动与生活的紧密结合体，承担着重要的经济功能。通过“五社联动”将农村居民组织起来，建立合作经济组织，提高居民收入，实现农村社区共同富裕，是村“两委”最重要的经济目标。

（二）主导社区秩序与安定

社区具有政治功能，主要在于维护和保障社区的秩序和安定，保证社区居民生活和生产的安全与和谐。社区的政治功能主要是通过组建机构来进行管理，包括社区委员会、各类行政组织、公共事业组织、党派组织、社团组织和各级立法组织等。鉴于基层社区工作者任务多、负担重、压力大，2015—2022年，政府陆续出台了多份有关社区减负的文件，提出了健全基层减负常态化机制的要求。那么，社区既要减负又要承担好维持社区秩序和安全的政治功能，就必须联动社区其他主体力量，有效运行“五社联动”，这便是完善社区政治功能、实现社区有效减负的重要抓手。也就是说，社区减负不能只有“减”的思维，也要有“加”的思维，通过减负释放各方活力，使相关主体加入社区治理和服务中来，共同致力于建设人人有责、人人尽责、人人享有的社区共同体。这样，既能增加承接社区事务主体的数量，减轻居(村)委会的工作负担，又能激发其他主体的内在潜能，拓展他们的发展空间，实现共建共治共享，共同维持社区秩序和安定。只有这样，社区的政治功能才能得以充分发挥。

（三）协同多元主体开展社区服务

社区的服务功能是为了直接满足社区居民最基本的生活需要。社区居民的生活牵涉方方面面，直接影响到他们对社区的归属感和认同感。社区的服务功能主要体现在以下几个方面：一是配备具有服务功能的机构与组织，如老年人活动中心、社会弱势群体服务中心、家政服务中心、医疗陪护中心等，并广泛招募或支持社会志愿者参与社区服务工作；二是给社区居民创造出足够的公共空间，因为在当今社区里，人们已不再属于来自相同“单位”

或“集体”的员工,农村社区也大多剩下留守老人、妇女和儿童,居(村)民之间来往较少,相互不熟悉或者关系日渐疏离。在社区建立街道(乡镇)社工站,可以组织和方便居(村)民开展活动与交流,促进社区共同体的形成,营造良好的社区氛围。

(四)推动社区教育发展

社区的教育功能体现在对社区居民的教化过程中,即通过各种社区文化活动,为社区居民提供各类教育服务,如了解灾害中的自救知识、学习居家生活中的烹饪技术、改善家庭关系、开展亲子活动等各种社区活动。其目的在于通过学习和交流,帮助社区居(村)民掌握各种技能和技巧。这不仅丰富了居(村)民的生活,还加强了社区居(村)民的内聚力,有利于形成良好的社区文化和氛围。而这些教育功能的发挥,单靠社区居(村)委会的作用有限,必须充分发挥社区社会组织、社会工作者、社区志愿者的力量,才能提升服务的品质。

(五)创造环境友好型社区

一个良好的社区环境,除了开发和建设,更重要的是需要依靠社区成员自己来维护和管理。一个幽雅、舒适、整洁的社区环境,既有利于社区生态系统的发展,也有利于居(村)民对高品质生活的追求。随着社区购买社会工作服务的数量越来越多,社会工作者通过社区教育与技能培训、政策倡导等多种形式,发动居(村)民参与社区环境建设与维护,以建设环境友好型社区。社区通过联动社会工作者,发动社区居民参与,使社区的环境保护功能得以充分发挥。

(六)创造积极健康的社区文化

社区的娱乐主要是社区组织所开展的群众性文体活动,它是社区居(村)民休闲的一种生活方式的体现。社区通过多元主体协同,开展经常性的社区娱乐活动,从而引导社区居(村)民追求积极向上的精神境界,增强人们的体质,陶冶人们的性情,增进相互了解,创建和谐社区。

第二节 社区有效参与基层社会治理的方法和路径

在新冠疫情的防控中，一个重要经验就是社区通过组织化方式有效承担了防控任务。这种做法有利于社区迅速恢复生活秩序，彰显了应急管理中我国社区治理的巨大优势。2020 年，国务院新闻办公室发布的《抗击新冠肺炎疫情的中国行动》白皮书指出：“400 万名社区工作者奋战在全国 65 万个城乡社区中，监测疫情、测量体温、排查人员、站岗值守、宣传政策、防疫消杀，认真细致，尽职尽责，守好疫情防控‘第一关口’。”但据此也可以发现，每个城乡社区相当于只有不到 7 名社区工作者，因此单靠社区工作者的力量来治理社区是明显不够的。那么，如何让社区在“后疫情时代”持续发挥作用呢？按照 2021 年《“十四五”城乡社区服务体系建设规划》，城乡社区服务体系，是指党委统一领导、政府依法履责、社会多方参与，以村（社区）为基本单元，以村（社区）居民、驻区单位为对象，以各类社区服务设施为依托，以满足村（社区）居民生活需求、提高生活品质为目标，以公共服务、便民利民服务、志愿服务为主要内容的服务网络和运行机制。因此，社区有效参与基层社会治理的重要方法和路径便是积极推动社区、社会工作者、社会组织、社区志愿者和社会慈善资源“五社联动”，完善城乡社区服务格局、增加城乡社区服务供给、提升城乡社区服务效能、推动城乡社区服务数字化建设，以及加强城乡社区服务人才队伍建设。

一、完善城乡社区服务格局

（一）健全党建引领社区治理机制

在街道（乡镇）党（工）委领导下，创新社区（村）党组织引领下的“五社联动”体制机制，即建立在社区（村）党组织引领下，以基层群众性自治组织为主导，社区居（村）民为主体，群团组织、社区社会组织、社会工作者和驻区单位共同参与，协同推行社区服务的体制机制。具体方法与路径如下：一是落实党领导下的城乡社区协商制度，围绕群众关心的服务事项广泛开展议事协商；二是加强党建引领社区服务体系建设，扎实做好服务群众、教育群众、凝聚人心的工作，组织引领群众听党话、跟党走；三是落实在职党员到社区报到为群众服务的制度机制，推动党政机关、企事业单位到社区（村）开展服务；四是推动有物业服务的社区建立健全党建引领下的社区居委会、业委会、物业服务企业协调运行机制，强化社区党组织的领导能力、居委会的指导能力、物业服务企业的服务能力；五是健全党建引领社区社会组织的工作机制，街道（乡镇）党（工）委和社区（村）党组织加强对社区社会组织参与社区服务的领导。

（二）完善多方参与社区治理的格局

在明确政府在基本公共服务供给保障中处于主体地位的前提下，优化社区（村）服务功能布局，促进服务资源高效配置和有效辐射。具体方法与路径如下：一是培育发展社区社会组织，即通过开展一系列项目和主题活动，培育一批品牌社区社会组织和品牌活动项目，引导服务性、公益性、互动性社区社会组织广泛参与社区服务；二是开展社区志愿服务行动，即依托社区综合服务设施如新时代文明实践站，建立志愿服务站点，搭建志愿服务组织（者）、服务对象和服务项目对接平台，以困难群体和特殊人群为重点广泛开展志愿服务，大力开展邻里互助服务和互动交流活动；三是开展社区社会工作服务行动，即在街道（乡镇）设置面向社区（村）服务的社工站，依托社区综合服务设施建立社会工作室，开展社会工作专业服务。

二、增加城乡社区服务供给

（一）强化为民服务功能

聚焦幼有所育、学有所教、病有所医、老有所养、弱有所扶和文体服务有保障，推动基本公共服务资源向社区（村）下沉。具体方法与路径如下：一是社区重点开展社区养老、托育、助残服务供给工作，做好对困难群体和特殊人群的关爱照护，推动社区与居家养老服务协同发展；二是联合社会力量加强基层公共就业服务，在有条件的社区（村）设立就业创业空间，重点为社区（村）居民中的失业人员、就业困难人员、高校毕业生、退役军人、农村转移劳动力、残疾人等群体提供服务；三是联动社会工作机构大力发展社区教育，助力构建终身学习体系，并扩大文化、体育、科普等公共服务供给，加强婚姻家庭文化服务；四是适应农村经济社会发展，重点加强脱贫村和易地扶贫搬迁集中安置社区的教育、卫生、就业、社保、养老、社会救助、未成年人保护、环境保护等公共服务资源配置。

（二）强化便民服务功能

加快推进城市一刻钟便民生活圈建设和农村生活服务便利化。具体方法与路径如下：一是引导社会和市场力量发展社区托育、养老等服务业态；二是推动物流配送、快递、再生资源回收网点辐射到符合条件的社区（村），满足居民的多样化需求；三是鼓励有条件的地方引进专业化物业服务，积极支持成立红色物业志愿服务队，发动社区广大党员、干部和积极分子服务社区老弱病残的居民；四是完善城市居民委员会组织体系，指导和监督业主委员会、物业服务企业依法履行职责；五是积极在农村地区开展农业技术培训、技术推广，为农村居民开展技术指导和技术服务。

（三）强化安民服务功能

加强居（村）民委员会下属治安保卫委员会建设，完善群防群治、联防联治机制，提升社区（村）的平安建设能力。具体方法与路径如下：一是加强社区（村）人员密集场所的安全管理，统筹社区力量开展安全教育培训和交通安全宣传劝导；二是完善社区（村）应急组织体系和工作预案，引导社会应急力量有序参与应急处置；三是引入社会工作服务机构等专业力量，强化社区矫正、社区戒毒社区康复、刑满释放人员帮扶和精神障碍社区康复服务，为遭受家庭暴力的居民提供应急庇护救助服务，建立健全发现报告和家庭监护监督制度，加强社区（村）未成年人保护工作；四是支持各类专业组织、机构在社区（村）开展社会心理服务，完善疏导机制，强化精神慰藉、心理疏导、关系调适、社会融入等服务；五是推进建设各民族相互嵌入的社会结构和社区环境，铸牢中华民族共同体意识。

三、提升城乡社区服务效能

（一）创新服务机制

完善服务统筹机制，以县（市、区、旗）为单位统筹用好各项支持社区的政策，以及面向社区的服务资金、资源、项目等，以社区（村）党组织为主渠道落实。发挥基层群众性自治组织作用，增强综合服务能力。具体方法与路径如下：一是完善政府购买服务机制，即明确购买服务项目立项、经费预算、信息发布、项目管理、绩效评估等长效配套措施，鼓励基层群众性自治组织、社会组织承接政府购买服务事项，广泛参与社区服务；二是完善服务评价机制，即健全群众满意度调查评估制度，建立精准匹配居民需求的评价机制；三是完善居民自我服务机制，即加强基层群众性自治组织规范化建设，引导居民广泛参与社区服务，增强自治能力，提高自我服务水平。

（二）提高数字化政务服务效能

实施"互联网＋基层治理"行动，根据服务群众需要，依法依规向社区（村）开放数据资源，发挥社区（村）信息为民服务实效。具体方法与路径如下：一是充分考虑老年人、残疾人的习惯和特点，推动互联网应用适老化和无障碍改造；二是推动政务服务平台、社区感知设施、家庭终端和城乡安全风险监测预警系统建设及互联互通，开发实时监测、智能预警、应急救援救护和智慧养老等社区惠民服务应用；三是深化全国基层政权建设和社区治理信息系统，加快中国智慧社区服务网的推广与应用，拓展社区服务功能，组织开展在线服务评价工作。

四、加强城乡社区服务人才队伍建设

（一）选优配强社区工作者队伍

组织实施社区人才队伍建设行动。具体方法与路径如下：一是开展新时代社区工作者主题培训行动，即灵活采取多种形式，综合运用各种方式方法，将城乡社区工作者轮训一遍，并推进实施后续培训，依托全国基层政权建设和社区治理信息系统，建立健全社区工作者培训监测机制；二是开展社区志愿者队伍建设行动，即依托全国志愿服务信息系统，对有意愿、能胜任志愿服务的社区居民进行登记注册，鼓励社区建立各类志愿服务队伍；三是开展社会工作专业人才队伍建设行动，即全面推动街道（乡镇）社工站建设，引进、培育社会工作专业人才，将社会工作理论与方法纳入城乡社区工作培训应知应会内容，鼓励城乡社区工作者学习并掌握社会工作专业技能，参加全国社会工作者职业水平考试。

（二）加强社区服务教育培训

加强社区服务人才培训管理，建立健全社区工作者能力指标体系，完善分级培训制度，用好现有培训基地和在线培训平台。具体方法与路径如下：一是鼓励有条件的院校开展社区服务相关人才培养和社区工作者能力提升培训，强化社区服务人才供给；二是加强对社区工作者的民族、宗教政策法规培训，不断促进民族团结，铸牢中华民族共同体意识；三是加快培育发展社区社会工作专业人才、社区志愿者，加强社会组织人才建设；四是结合农民工自身特点开展职业技能培训，引导农民工从事社区服务业。

第四章 “五社联动”中的社会工作者

第一节 基层社会治理中的社会工作

近年来，在推进国家治理体系和治理能力现代化的新时代背景下，共建社会治理共同体是党和政府关于社会治理的最新顶层设计和行动逻辑，是极具时代意义和重要价值的课题。基层社会治理是国家治理体系的重要组成部分，若要筑牢其根基就需要促进治理的重心不断前移，瞄准社区这一社会最基本的组成单元，提升社区治理水平。社会工作是人类社会为应对社会变迁产生的各类问题而形成的职业活动，是现代社会治理和社会服务的重要形式，是整合各类资源服务民生的重要力量。作为受过专业训练的人，社会工作者扮演着社会福利的传递者、社会团结的促进者、社会资源的整合者等重要角色，其专业优势能否得以发挥，决定着我国基层社会治理的水平，由此构成了其在“五社联动”机制建设中的核心地位，并发挥着支撑性的专业作用。

一、多元语境下的社会工作

在具体实践中，我国倾向于把“社会工作”作为一个宏观的概念，其要么泛指以利他主义为指导，以科学的知识为基础，运用科学的方法进行的助人服务活动，要么泛指与社会服务、社会建设相关的工作。在不同的语境下，社会工作的侧重点也有所不同。具体来看，可以从下列四个角度来澄清社会工作的概念，对其进行更深入的了解。

（一）作为专业的社会工作

从专业属性上来看，作为促进人和社会发展的综合性应用社会科学，社会工作整合了多学科知识，在实践中不断反思、改进和丰富，形成了自己独特的专业性质。

首先，社会工作具备科学性的特征。社会工作者的工作态度是客观的，以“专业角色”开展工作，秉持基于实证主义、理想主义和人道主义等哲学基础而确立的科学的社会工作专业价值观，遵守社会工作伦理原则，客观地分析服务需求与问题，依据专业理论制定合理有效的服务方案。社会工作者的工作方法是科学的，通过采取不同的工作方法，如个案工作、小组工作、社区工作与社会行政等，进行科学的施策助人活动。社会工作的工作程序具备合理性与严密性，接案、预估、计划、介入、评估与结案六个流程缺一不可。

其次，社会工作具备实用性的特征。社会工作不以探讨学理为宗旨，而是探讨“怎么办”，是一门解决人在现实生活中遇到的实际问题的应用学科。社会工作注重的是教会人们如何解决问题，而不是告诉人们如何看待和分析社会的各种现实问题。作为一种职业，社会工作的根本目的在于服务社会。

最后，社会工作具备整合性的特征。社会工作要服务的目标对象和问题的复杂性、多变性，决定了它必须综合性地运用有利于服务目标达成的各种理论、方法和技巧,并在实践和研究中加以整合,将这些理论、方法和技巧创造性地融入自身的专业体系中,实现发展专业的目的。“五社联动”聚集各方联动的目的是有效服务民生,因此,在“五社联动”语境中,社会工作者的专业支撑作用源于社会工作的科学性、实用性和整合性,这保障了联动机制的专业有效性。

（二）作为职业的社会工作

从职业属性上来看,作为社会工作的实施主体,社会工作者是指受过社会工作专门训练的,从事社会服务的相关专业技术人员,是从事专业性助人活动的职业群体。这是社会工作专业的本质特征在社会工作者身上的体现。社会工作专业的宗旨是为有需要的人提供帮助,是通过社会工作者的努力而实现的。社会工作者通过服务,回应服务对象的实际需要,帮助服务对象恢复和增强社会功能,解决问题,摆脱困境,进而获得自我实现。

在具体的实践中,值得注意的是社会工作者、社会工作师和社区工作者的区别。随着社会工作者队伍专业化、职业化的发展需求不断增加,社会工作者职业水平考试应运而生,该考试由人力资源社会保障部、民政部共同实施,考试合格后颁发职业水平证书,职业资质为高级社会工作师、中级社会工作师、助理社会工作师。而社区工作者是指经过一定选拔程序,被各街镇社区工作者服务站录用的,并在以自然居住小区为基本服务区域,为居住在小区内的各类人群提供各类公共服务(协同治理)与其他公益服务的专职工作人员。社区工作者也要经过考试,但是由各地区、街道办事处按各自需求,通过各地区政府网站、人事考试中心网站发布招录公告,报考人员参加各区自行设置的考试即可。

在“五社联动”语境中,社会工作者指受过社会工作专业训练或者持有社会工作职业资格证书,在社区从事社会工作服务的专业人才。需要注意的是,作为职业时,社会工作者专业功能的发挥取决于其依托的职业平台。显然,尽管社区居委会、社会工作服务机构、政府部门和福利事业单位等都可以是社会工作者的职业平台，但这些职业平台的属性导致社会工作者的作用发挥有着巨大的差异。

（三）作为服务的社会工作

从服务属性上来看，社会工作最典型的特征就是它是一门专门提供助人活动的专业。作为社会工作专业知识的实践应用，社会工作服务是社会工作者根据服务对象的需要，综合性地运用社会工作价值观、理论和方法技巧，向服务对象提供帮助的过程。在此过程中，社会工作者与服务对象形成同行者关系，团结各类有助于服务对象利益的相关方形成伙伴关系，共同围绕服务目标持续互动。如果服务中止，则社会工作者的任务和角色随之结束，因此服务性是社会工作者在各类关系中存在的基础。社会工作者提供服务的方式因人而异、因地制宜、因时而动，是多种多样的，是充满创造性和艺术性的。

在“五社联动”语境中，社会工作者的专业支撑作用是通过具体有形的服务体现出来的，既包括个案工作、小组工作和社区工作等直接服务，也包括培育社区社会组织、志愿者，整合公益慈善力量等间接服务。

（四）作为组织的社会工作

从组织属性上来说，现代社会工作服务一般是依托社会服务机构和组织体系而展开的。社会服务机构是指由政府、社会团体或个人兴办的，为特定的、有需要的服务对象提供专业服务的非营利组织，具有社会性、自治性、自愿性和非营利性等特点，其目的是运用组织化的力量，服务有需要的人群，尤其是困弱群体，促进社会公平发展。

在“五社联动”语境中，作为组织的社会工作包含两层含义：一是指由社会工作者作为组织主体的社会工作服务机构；二是指社会工作者统筹引导的由社区工作者、志愿者、社区社会组织人员和跨学科专业人员组成的工作团队。

（五）“五社联动”中的社会工作

由“三社联动”发展到“五社联动”，志愿者和社会慈善资源成为新的两大主体,这种主体层面的丰富为社区治理创新注入了更多的来源和力量。同时,主体的丰富意味着庞大的社区治理工作被分解为五个板块,对应五个不同的主体,主体之间的分工协作更加和谐明确,不同主体的功能定位随着理论的创新和工作的重新分配有所更新。

作为“五社联动”中的服务主体,社会工作者是服务质量的专业保障,是多方联动的专业支撑。社会工作者依据自己的专业技能和专业知识,开展居民服务需求调研,策划服务项目,参与或督导项目实施,引导多方力量有效聚焦民生需求,并通过实践为本的科学的服务理念、理论和方法,为社区服务的质量提供专业支撑和保证。同时,作为多个主体间的协调人,社会工作者向下能够深入居民群体,向上能够接触社区组织,对民政系统干部开展社会工作知识培训,孵化培育社区社会组织,能为社区志愿者提供专业参谋、实践指引和服务指导,也是发掘、链接、整合各类慈善资源的专业媒介。由此,社会工作者是联动多方力量共同服务居民的主要责任者,在多个主体间起到引导、沟通、协调、整合、促进和专业指导的重要支撑作用。

二、基层社会治理为何需要发展社会工作

(一)新时代的社区工作面临新挑战

社区是人的生活共同体,这个共同体是由共同的地域、文化、利益和社会交往凝聚而成的。然而,这个共同体正面临着前所未有的挑战。传统意义上的社区正在“分崩离析”,传统的社区工作已经无法适应变化了的“社区”,试图通过一种措施、一场活动、一则通知来统一社区思想,凝聚社区力量,服务社区居民的社区时代已经一去不复返了。

结合多年来参与社会工作服务实践的体会,笔者认为新时期的社区工作主要面临三大矛盾:

一是社区需求的多样化与服务力量的单一化的矛盾。我们之所以需要社区,是希望它能够提供个人无法满足的服务、交往和保护的需求。然

而，社区里人的需要是多样的，从安全、卫生到文化服务，无所不包。即使是社区文化服务，老年人和青年人、儿童的需要也是不同的。即使都是老年人，高龄老人和低龄老人、子女在身边的老人和空巢老人、没有养老金的老人和有经济保障的老人、健康的老人和失能老人……他们对服务的评价标准也是不一致的。显然，没有一个社区部门有力量来回应如此多元的社区需求。要回应社区多样性的服务需求，就必须发展和整合多元化的社区服务力量。然而，当前我们的社区工作依然主要依靠社区居委会单一的力量。

二是居民对服务的认同性与服务行政化的矛盾。所谓认同性，是指居民有尊严地获得服务，而不是被动地接受安排，这也是为什么多少年来老百姓“拿起碗来吃肉，放下筷子骂娘”的原因之一——因为他们没有获得感。也就是说，居民不仅要享受高质量的服务，还要参与服务的设计、安排和实施，以增强认同感和获得感。传统的主导力量已经无法将社区凝聚为一个共同体，这是我们必须承认的事实。生活在这个共同体中的人们首先需要的不是被凝聚，而是被承认，承认其作为人的独立存在，承认其需求的个别化，尊重其选择的权利，接纳其价值的独特性。在此前提下，建立多元包容的社区文化，并以维护社会公平正义为价值标准，才能达成社区共识，形成社区凝聚力。

三是日趋强烈的社区参与意愿与严重匮乏的参与渠道的矛盾。党的十九大报告提出，我国社会主要矛盾已经转化为人民日益增长的美好生活需要和不平衡不充分的发展之间的矛盾。这里所说的“人民日益增长的美好生活需要”，不仅是指要吃得更好穿得更美，更包括了人民对进一步实现自我价值和社会价值的需要，即社区参与的需要。发展不平衡不充分，不仅指的是地区经济差异，还指的是社区治理差异，其中就包括社会工作、社会组织、志愿者和公益慈善资源等社区治理主体的差异。以北京市的社区社会组织发展状况为例，社区社会组织分布依然不均衡，大部分社区社会组织分布在城六区。作为国际化大都市的北京尚且如此，其他中西部地区社会组织发展不平衡不充分的状况可想而知。显然，社区社会组织发育不起来，就无法满足居民社区参与的基本需要。

（二）基本假设

社区已经进入包括人口在内的各类社区要素高速流动、分化的阶段，民生需求多层次、多样性的趋势愈加明显，传统的行政化、救济式的服务已经难以满足社区居民多元化、个性化、发展性的服务需求。上述提到的社区工作面临的三大矛盾背后隐含的是社区治理对专业化、组织化和多元化的要求，也就是提高社会治理社会化、法治化、智能化、专业化水平的要求。要解决这三大矛盾，核心策略是培育社会组织、发展社会工作、开放社会服务，即由行政化的社会服务转变为专业化的社会服务、由政府包办的社会服务转变为公开采购的社会化的社会服务、由自上而下的运动式的社会服务转变为自下而上的参与式社会服务。这就需要形成多方力量参与、多元主体联动的治理格局，由此构成社会治理对建设"五社联动"机制的客观需要。在未来的基层社会治理过程中，如何发挥社会工作的专业支撑作用，促进五方主体联动，整合资源，形成服务合力，关系到社区治理体系的构建质量。社会工作是人类应对和解决社会变迁造成的各类问题的专业自觉，是伴随着社会发展而不断丰富完善的专业。我们对社会工作的认识需要跳出以往将社会工作局限于微观的直接服务的认识，回归到社会工作促进社会发展、促进社会参与、促进社会公正的题中应有之义，积极发展专业。在"五社联动"机制的实践情境中，我们应发挥社会工作的专业支撑作用，促进各个主体能够遵循以社区需求为导向，以服务大众为根本原则，实现实在的、有效的联动，并且在实践中努力培育发展社会工作专业人才队伍，提高社区治理水平。因此，"五社联动"基于一个基本假设：相信社区、社会组织、社会工作专业人才队伍、志愿者和公益慈善资源都有独特的功能和价值，在社会工作的专业整合下，各方能够优势互补形成合力，共同投身社区治理事业。

第二节 “五社联动”中社会工作者的角色和功能

一、社会工作者在“五社联动”中扮演的角色

社会工作者在不同的实践情境中扮演着不同的角色，发挥着多元的专业功能。其中，在“五社联动”情境中，社会工作者主要扮演赋权增能者、资源整合者、政策倡导者、关系协调者和服务提供者等多元角色。

（一）赋权增能者

作为共同体，社区本身蕴含着无穷的潜能——这是社区工作的基本信念。社区工作是社会工作三大方法之一，社会工作专业视角下的社区工作，无论采用何种形式的服务，其基本逻辑均在于赋权社区居民，通过增强社区权能，构建社区支持系统，促进社区多方参与，以实现解决社区问题、可持续发展的目的。这就要求，社会工作者在“五社联动”中必须扮演好赋权增能者的角色，充分与社区治理各方联结，培育各方识别社区问题、分析社区需求、制定社区规划的能力，围绕社区需求，共同制定社区规划，联合开展社区行动。社会工作者在此过程中，既要注重具体问题的解决，通过具体的社区服务解决社区问题，实现任务目标，又要借助服务过程，注重发现和培养社区志愿者骨干，培育发展社区社会组织，调动社会慈善资源，以专业赋能的角色促进其他“四社”有能力实现联动，有能力参与形成可持续的社区发展机制，从而实现过程目标。

（二）资源整合者

社区是一个资源聚合体，既包括社区内部的正式和非正式组织资源，也包括社区外部的文化、政策和经济等资源。社区治理的质量在很大程度上取决于社区资源能否得到有效整合。而资源整合是社会工作的重要方法，社会工作者通过资源发掘、资源共享、资源配置等方式，整合社区社会组织、

志愿者和社会慈善资源等各类资源，以回应社区需求，促进社区发展。因此，社会工作者在"五社联动"中扮演着资源整合者的角色，这既是社会工作参与社区治理，发挥专业作用的内在要求，也是使"五社联动"机制成为可能的专业保障。

（三）政策倡导者

社会工作强调"人在情境中"，认为人与环境相互作用，这里的"环境"既包括家庭和社区等微观和中观系统，也包括社会政策和文化等宏观系统。反观"五社联动"机制的作用发挥，同样受到政策的影响。因此，社会工作者无论是在具体服务中，还是在"五社联动"机制建构中，都必须担负起政策倡导者的角色，在服务实践中识别政策与现实脱节的问题，并提出有效的改进建议，促进政策制度的完善。

（四）关系协调者

社区治理是各类主体关系和角色有机协调的过程。协调人际关系是社会工作者的专业要求。这里的"人际关系"既包括具体的服务对象的人际关系协调，也包括"五社联动"中各个主体间关系的有机联动、共同行动的协调。因此，社会工作者在"五社联动"中扮演着关系协调者的角色，这是社会工作者专业能力和责任的使然。

（五）服务提供者

服务大众是社会工作者最主要的专业使命，服务提供者是社会工作者的核心角色。以"四社"为代表的社区治理各个主体的定位、功能不同，要想实现联动，就必须有一个各方达成共识的目标，形成联动的核心。无论何种范式的"五社联动"，其有效性最终体现在有效配置社区资源、有效服务社区民生、提升社区治理水平等方面。这再次体现了社会工作的专业支撑功能的重要性：运用专业理念和方法，支撑各个主体围绕民生需求提供有效服务。因此，社会工作者在"五社联动"中扮演着服务提供者的角色——不仅直接向社区提供服务，还引导各个主体有效提供服务。

二、社会工作者在“五社联动”中发挥的功能

（一）发挥专业服务功能，引领多方服务

如果将“五社联动”比作榫卯结构，那么在该结构中，社会工作者像大梁一样处于中心的位置，将各方主体连接在一起，既保持了各个主体的独立性，又支撑起各个主体，从而构建成一个完整的有机体。社会工作者的中心位置是由“五社联动”机制的核心目的——服务民生——决定的。社会工作专业伦理要求社会工作者必须以服务大众为根本目标，遵循社会工作通用过程开展服务。无论是面向由个人、家庭或社区组成的服务对象系统，还是面向由社区部门、志愿者、社会慈善资源等各方服务和资源主体构成的行动系统，社会工作者在服务过程中都要将大家凝聚在一起，形成服务共同体，为居民提供各式各样的服务。因此，正是因为社会工作者发挥的专业服务功能，才使“五社联动”成为可能。

（二）发挥赋权增能功能，培育多方力量

“五社联动”的前提是首先得有“五社”。各类主体实实在在存在于社区场景中，因此，通过赋权增能社区，培育发展“五社”主体力量，关系到联动的质量，而赋权增能恰是社会工作者的专业功能之一。在“五社联动”中，社会工作者充分发挥赋权增能的专业性优势，以需求为导向激活社区各要素的参与活力，通过赋能社区、培育志愿者和社区社会组织、发掘社会慈善资源等形式，鼓励各方围绕居民自治联动服务。而社会工作者在“五社联动”机制的建设过程中，伴随着社区内生力量的发育，不断调整自身的角色定位，从前期的推动者和建设者的主体角色，逐步转变为协助者和支持者的辅助角色，最终使“五社联动”成为社区治理的内在机制。

（三）发挥资源整合功能，促进多方参与

促进多方联动是社会工作整合资源的策略之一，构建多方参与的联动机制则是社会工作整合资源的目标。社会工作者在“五社联动”治理框架下，一是将社区打造成资源配置平台，二是将社区组织培育成为参与载体，

三是引领社区志愿者广泛参与，四是发掘和运用社会慈善资源，从而激活"五社"各要素并使其有机联动。

1. 社会工作者将社区打造成资源配置平台

"五社"中最难定义的是"社区"。社区是多个利益相关方构成的生活共同体，那么在这个共同体中具体由谁来代表社区呢？在本土情境中，作为法定的社区自治组织和政府在社区的抓手，社区居委会掌握着社区资源的配置权力，理应成为促进多方联动、培育社区志愿者和社区自组织的平台。然而，这一美好的意愿如果不能破除社区的单位化、行政化和形式化等问题，那么社区非但不会成为促进"五社联动"的平台，反而会成为阻碍"五社联动"的屏障。破除单位化、行政化和形式化的策略在于使社区实现社会化、专业化和自治化，激发社区参与，使社区成为开放的平台，而这恰恰是社会工作致力于社区发展的专业功能之一。基于参与式社区发展视角，社会工作者扎根社区，发挥深入基层、赋权增能、整合资源的专业优势，在任务目标和过程目标深度嵌合的基础上，社区才有可能被社会工作者打造成"五社联动"社区治理框架下的，聚合各方资源进行有效配置的重要平台。社会工作者在以需求为导向，以人为本、助人自助的专业原则下，支撑"五社联动"行动框架回归到社区参与、社区融合、社区认同等社区发展的目标下行动，从而使各方主体在参与合作中能进行更多沟通、彼此理解，真正做到依靠社区发现社区问题、发掘社区需求、解决社区难题、促进社区治理。

2. 社会工作者将社会组织培育成为参与载体

社会组织在"五社联动"中的角色定位是组织参与的载体，是多方力量实现社区参与的动员者。这里的社会组织既包括在民政部门正式登记注册的社会服务机构、社会团体和基金会三类非营利性组织，也包括在街道备案的社区社会组织。其中，作为社区内生力量，社区社会组织决定"五社联动"机制能否可持续。然而，当前的一类社区社会组织是由社区部门主导成立的，社区干部担任主要负责人，居民被动参与。尽管这类组织的专业性、参与性和自主性较差，但拥有的资源较为丰富。另一类社区社会组织是由社区居民领袖主导成立的，对居民的需求较为了解，使命感、动员能力和行动能力强，但缺乏资源，专业性和资源整合能力较低。由此不难看出社区社会组织与社会工作之间的巨大互补性，社区社会组织面临的问题迫切需要社会工作专业介入。因此，培育社区社会组织、引导社区社会组织、支持社区社会组织，既是社会工作者的责任，也是社会工作者的优势。一方面，社区社会组织在社会工作者协助下，设计相关服务活动方案并实施，发现和培养志愿者，加强居民的自我服务和参与能力；另一方面，社区社会组织在社会工作者的培育下，提升了组织治理能力，鼓励居民参与组织服务和组织管理，拓展了社区参与空间。

引入外部社会组织也是构建“五社联动”机制的策略之一。其中，“五社联动”尤其需要的是兼具服务性和支持性功能的社会工作专业组织来评估“五社联动”各方专业需求，因地制宜设计建设路线，协调专业资源，通过培训、督导、评估、服务示范和技术支援等一系列手段，培育社区社会组织，推动社会工作专业人才队伍建设，指导构建“五社联动”服务体系和支持体系，不断提升社区部门、社区社会组织、志愿者和社会慈善资源的协作能力，实现各类力量之间的良性互动，从而将外部的专业支持与本土的内在资源有机结合，形成可持续的联动机制。

3. 社会工作者引领社区志愿者广泛参与

志愿精神是社区文化的内核，志愿者是“五社联动”主体的重要构成，社会工作者引领志愿者是基层治理的重要策略。社会工作者在“五社联动”中，一是通过专业服务，在解决社区实际问题的同时，培育居民“助人自助”的意识和能力，从而让居民参与到志愿服务中，成为行动主体；二是通过发现和培养社区领袖，组建社区社会组织，带动居民持续参与；三是赋能社区部门，使社区居委会理解志愿服务的重要性，为志愿者提供政策和资源保障；四是整合社会慈善资源，鼓励和引导社区内外部的单位成员参与社区志愿服务。正是在社会工作者的专业引领下，志愿者成为“五社联动”中的重要力量。

4. 社会工作者发掘和运用社会慈善资源

资源匮乏和资源利用不足是制约社区发展的主要原因之一。"五社联动"中，社会工作者一是发挥识别和发掘资源的功能，通过运用社区资源图、社区利益相关者分析等工具，识别出社区内外部已有和潜在的资源，进而通过培育资源方的社区参与意识和社会责任意识，使其转化为服务社区的公益慈善力量，以解决社区资源匮乏这一问题。二是社会工作者发挥资源配置的专业功能，将社区视为资源聚合与配置的平台，通过社区需求评估，精准识别服务需求，进而通过资源整合，将资源与需求有效对接，以解决由于缺乏精准配置而导致的资源利用率不高，甚至浪费的问题。更重要的是，社会工作者通过培育社区基金会、开展社区公益创投、设计社区公益服务项目等方式，建立了可持续的社区资源整合机制，从而使社会慈善资源成为"五社联动"机制中的重要力量。

第三节 "五社联动"中社会工作者有效参与基层社会治理的方法和路径

一、影响社会工作者功能发挥的因素

（一）社区参与度不高

社区参与是影响社会工作者开展社区服务的关键因素。"五社联动"需要发挥社区各方的能动性，因此必须促进社区参与。然而，长期以来的单位化和行政化使社区各方习惯了接受安排，缺乏主动参与的意识和能力。行政化、粗放式的社区管理思维根深蒂固，原有社区服务中模式与观念的改变不可能一蹴而就，参与意识和能力的培育需要一个渐进的过程，这个过程需要社会工作者投入大量的精力和物力。相较于行政主导的工作模式来说，社会工作主导的工作模式的成本高、见效慢，而当下有的地方部门对"五社联动"机制建设的要求趋于急功近利，往往以"加快速度见成效"的名义搞形

式主义，或者以“没有成效”为由减少项目投入，甚至责难社会工作者，这是“五社联动”机制建设过程中需要时刻警惕的问题。

社区参与乏力的背后，是社区各方缺乏对社会工作专业的认同，缺乏对社会工作者职业的认同，缺乏对社区发展理念的认同。这里的各方不仅包括居民、社区工作者，还包括“五社联动”中的各个主体及其上级主管部门。之所以缺乏认同，是因为既有行政化社区工作惯性思维的制约因素，也有各个主体固守各自利益而忽略其他主体利益的功利因素。

（二）社会工作者自身动力不足

“五社联动”的目的在于有效服务民生，这就必须以居民需求为导向开展工作。然而，在现有社区服务管理体制下，社区社会工作者不仅承担着各种繁杂的行政事务，而且还要完成来自上级的任务安排。这往往迫使社区社会工作者不得不背弃社会工作专业使命和居民需求，“唯上是从”，造成成就感和使命感缺失，无力感加重，专业成长动力不足。同时，社会工作者能发挥的专业作用也有限，对社区管理与服务体系改革缺乏信心，将“五社联动”机制建设工作视为增添工作麻烦和负担，不愿参与或消极应付，由此构成社会工作人才队伍参与“五社联动”机制建设的主要阻力。

（三）社会组织发展不平衡

“五社联动”的前提是“五社”主体相对成熟、分工明确，但一方面社会组织生存发展环境堪忧，另一方面许多社区社会组织名不副实，缺乏服务社区的意识和动员居民参与的能力，组织治理结构不规范，吸取资源能力弱，承担公共服务的能力有限。具体表现在以下几个方面：第一，针对社会组织的政策支持不到位，指导性意见多，而可落地的支持性政策少。包括社区社会组织在内的各类社会组织普遍缺乏长期规划，缺乏发展信心，甚至基本的生存运营都是问题。第二，部分地方政府及其部门对社会组织开展的工作不重视，或者工具性地、透支性地使用社会组织，要求多、期望高，而支持少、鼓励少。第三，社会组织缺乏服务性。一是现有社区社会组织多为自娱自乐型，而缺少服务社区困弱群体的意识和能力；二是扎根社区的服务工作，成本高、周期长、见效慢、压力大，导致专业人才不愿投身草根组织，资源方不愿资助草根组织，由此形成的恶果就是尽管政府一再要求治理重心下沉，愿意做"头部""平台"的组织越来越多，但服务困弱群体的草根组织越来越少。缺失了社会组织的载体，必然导致社会工作者缺乏服务载体和抓手，这对本就力量匮乏的局面无异于雪上加霜。因此，需要在"五社联动"建设过程中，赋予社会组织权利、资源、时间和空间，引导社会组织加强自身能力建设，提高专业服务能力，厘清自身特长和定位。

（四）部门利益的制约

建设"五社联动"机制的过程，也是向社区、社会组织、社会工作者、社区志愿者和社会慈善资源赋权的过程，需要政府解放思想、开放资源、让渡空间，实现平等合作。然而，在基层治理的过程中，地方政府及其派出机构的优势或绝对地位仍然明显：政府让渡的空间还不够，社区治理中行政化色彩比较明显；社会资源没有完全放开，社会组织、社会工作者还没有成为社区治理的有效主体之一；一些部门依然存在较为严重的"地主思维"，把辖区看作自己的一亩三分地；凡事认为"只有自己做的才是成绩""肥水不流外人田"，把外部力量的参与视为给自己找麻烦；将向居民赋权视为破坏自身权威，把向社会让渡空间视为侵占自身资源。这导致政府对社会组织的政策优惠、让渡空间以及购买服务力度不够，且存在通过有限让渡吸纳专业和社会力量依附于行政的倾向。与此同时，社会工作者、社会组织和社区的经费又主要依赖政府财政支出，导致有些地方的"五社联动"基本围绕领导意志而非社区需求开展，由此也就失去了社会工作专业功能发挥的基本前提。此外，"五社联动"的基础是多元主体参与，但在一些地方往往是某一方掌控着绝大多数的资源，拒绝和排斥其他主体的能动性发挥。这种思维模式和官僚作风已经非常严重地渗透到社区居委会层面和一些基金会等资源方中，成为阻碍社会工作者和社会组织进入社区开展工作的"拦路虎"。

（五）社区发展差异大

越是落后地区，困弱群体相对越多，越需要"五社联动"；越是落后地区，越缺乏社会工作专业力量。城市社区与城乡接合部社区，以及农村社区的居民需求各有不同，社会组织、社会工作者的能力和发展状况也不同，社区志愿者和社会慈善资源的发展程度也有所不同。在地区层面推动“五社联动”工作机制建设的同时，如何更有针对性地为不同社区、社会组织、社会工作者做好个别化指导，更好地链接社区志愿者资源和社会慈善资源，成为在社区层面落实“五社联动”机制亟须解决的难点。

二、“五社联动”中促进社会工作者功能发挥的方法和路径

（一）发挥社会工作的专业优势

社会工作者是“五社联动”的专业支撑，其专业性决定了机制建设的质量和效果。因此，必须将社会工作专业性贯穿于“五社联动”机制建设的全过程。一是应当严格遵循专业伦理中服务大众的要求。“五社”以居民需求为导向，避免联动搞形式主义，各个主体打着联动的旗号，追逐自身利益，而失去以服务对象为中心的立场。二是应当严格遵循通用过程和服务规范。“五社联动”机制建设需要理解每个社区的形态和需求都具有个性化，而社会工作通用过程对服务有非常成熟与专业的要求，那就是以个性化需求为导向，将专业方法转化成专业介入方案，从顶层设计到基层落实，逐步推进，避免各方随心所欲，甚至起冲突。三是应当遵循社区发展规律，建立“长效机制”。机制建设是一个从调查研究到路线设计，再到实践内化、验证完善的过程，这就要求社会工作者必须尊重社区发展规律和各个主体的成长规律。那些要求三个月出成效、半年出模式的“五社联动”机制建设做法，首先就违背了规律。因此，社会工作者的专业性还表现在从理念、技术和制度三个方面，引导各方思考为什么做、怎么做和谁来做等关键问题。

（二）增强各个主体的参与意识

“五社联动”的主要困境是如何发挥好社会工作者的专业支撑作用，其中关键点在于提高各方的参与性和认同性，尤其是提高社区“两委”对社会工作和社会组织的认同。通过自上而下（对社区“两委”）的行政安排和自下

而上(对社区居民)的社区动员，推动他们积极主动地与社会工作者合作，投身到社区服务中来。社区"两委"是社会工作者参与社区治理的目标系统，社区居民是社区治理的服务对象系统，将他们的参与积极性提高，转化为与社会工作者携手联动的行动系统，才能更好地开展服务。

"五社联动"是机制也是手段，其目标是拓展社区居民参与社区治理的渠道和平台，深化多方参与的社区治理格局。因此，社区居民既是"五社联动"的服务受益者和建设参与者，也是"五社联动"的成效评估者。"五社联动"机制建设要注重不同类别的社区居民的全过程参与，包括确定工作方案、评估服务成效等，并召集包括社区居民在内的各利益相关方参与讨论。这个过程既是激活社区居民参与意识、提升参与能力的过程，也是向社区居民宣传普及"五社联动"知识，争取居民支持的过程。总体而言，社区参与的本质是社区居民对社区事务享有决策权，而"五社联动"机制建设的过程是向居民赋权的过程，这也是作为专业支撑的社会工作的核心价值观。

（三）完善联动保障机制

一是建立政社合作机制。在本土情境中，社区治理离不开政府的参与。"五社联动"机制建设的成败取决于政社合作，需要明确政社双方的角色职责，建立强有力的组织保障、政策保障、专业保障、资金保障体系。如果说社会工作者/社会工作服务机构在整个"五社联动"机制建设过程中发挥着"专业引擎"的关键功能，那么政府则在整个机制建设中发挥着"行政引擎"的关键功能。政府与社会工作者、社会组织相互尊重、相互学习，共同担当是"五社联动"建设工作的核心文化，而保障"五社联动"机制成立的前提是划分清楚政社合作的边界。

其中，市、区(县)两级政府的角色是"五社联动"的政策推动者和统筹协调者，承担着统筹协调、制定政策、财政保障和监督管理等方面的职责，通过构建市、区、街镇三级"五社联动"统筹协调机制，出台一系列激励政策和提供公共财政支持来推动"五社联动"在镇街和社区层面落地。此外，地方政府应避免过多干预，要将建设的空间让渡给社会工作者和社会组织。

二是建立协商对话机制，其重点是健全“五社联席会议”制度，即“五社”各要素成员定期或不定期地就实践中的重难点问题进行协商、统筹、协调，并通过居民代表大会等方式进行重大事项的平等决策，而不是形式上的对话和汇报工作。

三、在“五社联动”中如何培育和发展社会工作专业人才队伍

尽管作为“五社联动”机制的专业支撑，社会工作者承担着培育发展其他主体队伍的重要责任，但社会工作专业人才队伍自身的培育发展情况却并不乐观，面临着诸多的挑战。根据《2022 年民政事业发展统计公报》，截至 2022 年年底，全国持证社会工作者共计约 93.1 万人，约占全国总人口的万分之六点六。相较于发达国家和地区，我国社会工作人才缺口较大。我国有 400 多所高校开设了社会工作专业，但每年能够投身一线服务的毕业生极少。社会组织中的持证社会工作者占比不到 3%，且因为工作压力大、待遇低、缺乏专业认同，导致他们的职业稳定性较低。社区部门中的持证社会工作者，大部分是自学考取的证书，难以将书本知识转化为实际应用，加上日常行政性事务占去了大部分精力，导致他们的服务效率和服务质量均难以满足社区专业化服务需求。因此，需要利用好国家大力倡导“五社联动”的契机，在“五社联动”机制建设中完善社会工作专业人才队伍培养体系。

（一）建立校社合作体系

社会工作的专业教育如果不能与实务应用相结合，就不可能成为一门职业。反之，我们要想培养出合格的社会工作专业人才，促进大学生投身实务，就必须建立起校社合作的人才培养机制。例如，引导高校参与“五社联动”机制建设，与社会组织和社区建立实践基地，深化人才培养与社会组织、社区实际工作岗位需要的结合。校社联合开展案例研究和社会政策研究，一方面将“五社联动”的实践经验提炼成教学案例，培育适合社会组织和社区就业的专业人才；另一方面将研究发现用于政策倡导，完善“五社联动”政

策。发挥社会组织和社区的实务优势,深入参与高校的课程开发和专业教学体系建设,创新校社合作的人才培养模式。其中,社会工作教育需要反思自身的使命,即在构建中国式现代化进程中,开设社会工作专业的高校不仅要为经济科技发展培育人才,还要为社会治理培育人才。高校能否尊重社会组织的专业价值,解放教育思想,是校社合作的关键。

(二)建立专业支持体系

社会工作者有责任将“五社联动”建设成培育社会工作人才的开放的平台,让社会工作专业教育回归社区。以北京市协作者社会工作发展中心为例,多年来它致力于协助社区建立自我学习的专业成长体系,形成内在的专业驱动力。具体方法包括:一是培育和发展地区社会工作者协会,培育民办社会工作机构,建立可持续的社会工作专业人才队伍服务管理平台;二是开展“协作者学堂”社区教育项目,面向想投身社会工作服务而又缺乏专业学习机会的服务人群和草根组织,进行系统性的专业学习和督导;三是建立“一站式”工作督导会制度,定期组织开展社区居委会负责人、社会工作者、社区社会组织负责人和志愿者共同参加的专业督导会,在以往一对一督导和小组督导的基础上,搭建多方参与的专业交流平台,大大降低各方的专业沟通和成长成本;四是结合“五社联动”开展的项目服务活动,开展过程性监测评估工作,针对发现的问题给予专业指导,并协助各方用专业视角总结提炼实务经验,从而使项目服务活动成为“五社”参与的实践教学活动。

(三)建立“边界清晰、优势互补、良性互动、协作支持”的合作关系

缺乏专业自主性是导致社会工作专业人才流失的主要原因之一。“五社联动”面临的挑战首先不是联动,而是“五社”如何归位的问题,即各自回归各自的角色和专业属性。只有解决了这个问题,“五社”才可能在独立自主的基础上自由地联合,社会工作专业人才才能发挥专业支撑作用。事实上,“五社联动”可以有普遍的原则和通用的方法,但建设路径和范式是灵活多样的,这是由社区需求的多样性和社会参与的灵活性决定的,大一统的建

设模式只会与“五社联动”激活社区力量的愿望背道而驰。在“五社联动”中培育发展社会工作专业人才，切实将“助人自助”专业理念转化为行动，使社会工作专业真正成为社区治理各个主体可以学习和掌握的力量，这是社会工作者的使命。

第五章　“五社联动”中的社会组织

第一节　“五社联动”中社会组织的内涵、角色和功能

一、社会组织的定义

在社会科学定义中，广义的社会组织是指人们为了有效地达到特定目标，按照一定的宗旨、制度、系统建立起来的共同活动集体，它有清楚的界限、明确的目标，集体内部实行明确的分工并确立了旨在协调成员活动的正式关系结构，如政党、企业、商店、工厂、公司、学校等。狭义的社会组织是区别于政府组织、经济组织的社会组织，它是构建在“国家—市场—社会”制度框架中的社会自治领域的组织形式（有时也被称作第三部门），由不同社会阶层的民众自发成立，具有非营利性、非政府性和社会性特征。

随着社会不断发展，学界对社会组织的探讨也逐渐多元，徐永祥等提出

“新社会组织”这一概念，将其视为以追求社会理性，提供非营利的社会服务或社会支持的、具有独立法人资格的社会团体。这类社会组织具有明显的社会化、专业化等特征，区别于部分带有行政性或市场性的组织体系。但从组织类型上看，一般将社会组织视为非营利法人组织，包括社会团体、社会服务机构、基金会。随着社区需求的日益多元和社区发展进程的加快，基层社会越来越多地出现一种新的组织形态，即社区社会组织。这类组织未必是在民政部门正式登记注册的，但活跃在社区治理场域，在社区自治共治中发挥着积极作用。

本书在基层治理体系和治理能力现代化视阈中理解社会组织的内涵及其外延。在内涵上，强调社会组织是对社会特定需求、问题进行组织化、专业化和社会化回应的重要载体，通过资源整合、专业行动和激发社区活力，为困弱群体搭建起一张社会保护网。在外延上，“五社联动”框架中的社会组织包括两种类型：一是在政府部门正式注册成立的法人组织，二是由居民自发组织起来的、非正式的社区社会组织①。社区社会组织由各类居民构成，是离居民、社区最近的组织体系。虽然这两类社会组织的性质不同，但是它们存在着功能衔接、优势互补等特点，共同构成了参与基层社会治理的组织生态。

二、社会组织的特征、构成要素和类型

（一）社会组织的特征

通过对我国社会组织的发展情况进行分析梳理后发现，我国的社会组织具有公益性、社会性和志愿性三大根本特征。

其一，公益性。公益性是与非营利性相对应的组织特性，强调社会组织不以营利为目的的根本特征。社会组织以追求社会公共利益为出发点，内含强烈的公益性特征。在具体行动上，社会组织以开展大量非营利活动的

① 许多社区社会组织在社区或乡镇（街道）备案登记。

方式来为社会大众提供公益性服务与支持,进而推动社会发展进步。其二,社会性。社会性是社会组织的内在属性,社会组织因“社会”而彰显其区别于政府组织、经济组织,是对社会问题、社会需求进行社会化回应的重要组织化载体,体现出了独特的社会使命。其三,志愿性。志愿性这一特征要求社会组织基于志愿服务精神来开展利他型的社会活动,在社会使命感的推动下,通过组织行动来优化社会资源配置。社会组织依靠社会捐赠和志愿者力量获取慈善资源,不仅向社会公众无偿提供服务,同时还必须公开组织开展的各项活动信息,自觉接受公众监督。

(二)社会组织的构成要素

社会组织在内部构成上须具备五大基本要素,分别是组织目标、组织规范、社会地位、角色分工和组织权威。

其一,社会组织有明确的组织目标。明确的发展目标是社会组织的灵魂,从内涵界定来看,社会组织是基于人们为了实现某一共同的特定目标而组合起来的团体。从管理学角度来看,社会组织的目标是希望达到或预期达成的某种状态,它包括使命、目标对象、指标、定额和时限等多个内容。其二,社会组织需要制定组织规范。组织规范是社会组织得以运行的基础,也是社会组织价值功能的具体表现。组织规范对个体或团体的行动进行了限制,使其在社会生活中的互动行为得以标准化。其三,社会组织拥有一定的社会地位。社会组织的社会地位由法律合法性、在社会治理中的结构位置,以及在社会大众眼中的认可情况综合组成。质言之,社会组织的社会地位类似于社会组织的合法性基础,有社会地位意味着有较强的合法性;反之,则缺乏应有的合法性基础。在社会组织的多重合法性中,法律合法性相较于政治合法性、专业合法性和社会合法性更为重要。其四,社会组织内部具有明确的角色分工。角色分工是指按照一定社会规范所表现出的特定行为模式。社会组织不仅表现出区别于政府组织、经济组织的角色分工,而且在自身内部也存在着多元角色的分工。其五,社会组织具有一定的组织权威。组织权威是指合法化的权力,是维持社会组织运行的必要手段,既能使组织成员在组织内受到约束和限制，也能使组织获得认可。社会组织的组织权威包括组织内部运行中的权威和组织外部运行中的权威：组织内部运行中的权威经常体现为组织文化对组织成员的指引，也体现为组织内部规则对组织运行和组织成员行为表现的约束；组织外部运行中的权威主要指的是社会组织因为专业特性所体现出的一种社会权威，尤其是指在某些领域所具有的服务权威。可以看出，社会组织的多重要素是相互关联的，共同形塑着社会组织的内在特性和组织逻辑。

（三）社会组织的类型

随着社会发展全球化、个体需求多元化、社会治理问题复杂化，我国社会管理体制也不断发生着变革。作为社会治理中的重要社会主体，社会组织的发展也逐渐多元化，呈现出丰富的组织发展生态和类型。

从组织功能的维度进行划分，可将社会组织分为枢纽型社会组织、专业型社会组织、社区社会组织三类。第一类是枢纽型社会组织。2008 年，中共北京市委办公厅、北京市人民政府办公厅印发的《关于加快推进社会组织改革与发展的意见》首次提出了枢纽型社会组织这一概念。从广义角度来看，枢纽型社会组织是指由负责社会建设的有关部门认定后，在同类别、同性质、同领域社会组织的发展、服务、管理工作中，能够在政治上发挥桥梁纽带作用，且在业务上处于龙头地位，在管理上承担业务主管职能的联合性社会组织。从狭义角度来看，枢纽型社会组织则是指在政府社会组织管理部门登记注册的社会团体、民办非企业单位和基金会三类组织。第二类是专业型社会组织。专业型社会组织主要指由社会精英与核心人物创办并主推的社会组织，这类组织成员掌握着较为丰富的专业知识和服务资源。在具体实践中，专业型社会组织一般享有专业话语权，在区域社会治理中被赋予领跑者、创新者、使能者和动员者等多重角色功能，并代表了社会组织的高级形态和发展方向。第三类是社区社会组织。社区社会组织是指由社区组织或个人在社区（村）、街道（乡镇）范围内单独或联合举办的，在社区范围内开展活动的，满足社区居民不同需求的民间自发组织。社区社会组织是以社区居民和驻区单位为主发起成立的，在城乡社区开展为民服务、公益慈善、邻里互助、文体娱乐和农村生产技术服务等活动的社会组织。社区社会组织强调组织的"在地化"特性，其内部成员由社区居民组成，且在社区内部提供服务。

从业务领域进行划分，可将社会组织分为五个大类，分别是经济类、科学研究类、社会事业类、公益慈善类和综合类。在上述大类划分基础上，又可进一步将社会组织划分为 14 个小类，即科技与研究、生态环境、教育、卫生、社会服务、文化、体育、法律、宗教、工商业服务、农业与农村发展、职业与从业组织、国际与涉外组织、其他社会组织。

从组织服务内容进行划分，可将社会组织划分为以下四个类型：其一，公益慈善类社会组织，主要指以捐赠财产或直接提供服务等方式，自愿开展扶贫、济困、扶老、救孤、恤病、助残、优抚、救灾、助医、助学、环保等公益慈善活动的各类组织。其二，生活服务类社会组织，指以满足社会大众生活服务需求为核心内容的组织，该类组织在服务内容上主要涉及养老、医疗保健、托幼、文化教育、就业培训、家政维修等便民利民服务。其三，社区事务类组织，该类组织以社区社会组织为主，强调在社区中开展社区卫生、治安巡逻、安全管理、心理健康、法律服务、社区矫正、物业协商、红白理事、纠纷调处、农村生产服务等服务活动。其四，文体活动类社会组织，主要指以开展书画、球类、棋牌、秧歌、舞蹈、表演、健身、戏曲、乐器等文体活动为主要内容的社会组织。

三、社区社会组织的内涵

随着社会治理进程的推进，社区社会组织日益成为中国社会组织和社会力量的重要构成，进而成为多重改革主线的汇聚之处。从政策角度来看，《民政部关于大力培育发展社区社会组织的意见》中提到社区社会组织是由社区居民发起成立，在城乡社区开展为民服务、公益慈善、邻里互助、文体娱乐和农村生产技术服务等活动的社会组织。民政部办公厅印发的《培育发展社区社会组织专项行动方案(2021—2023年)》将社区社会组织纳入创新基层社会治理、完善城乡社区服务体系的整体布局之中,确保社区社会组织工作始终沿着正确政治方向,始终服从服务大局。从功能维度来看,社区社会组织主要有五种类型:其一,便民服务类,以为城乡社区居民提供日常生活便民服务为核心,如便民服务工作室、社区养老服务站、日间照料服务中心等。其二,公益慈善类,主要为城乡社区特困老年人、残疾人、留守儿童等困弱群体提供帮助和服务的社会组织,如残疾人康复站(室)、残疾人日间照料中心、志愿服务队等。其三,邻里互助类,主要提供居民矛盾纠纷化解服务,通过专业服务来促进邻里和谐,如邻里调解服务中心、邻里互助会、邻里帮协会等。其四,文体娱乐类,以开展文化、艺术、体育、健身、娱乐活动为主的社会组织,如社区内的广场舞协会、戏曲爱好者协会、秧歌队等。其五,农村生产技术服务类,强调组织能够为农村生产经营提供便民服务,如特色农产品协会、苗木花卉协会、职业辅导团队等。

从学界的观点来看,社区社会组织是指活跃于城乡社区,承担各类服务、管理与社区营造功能,提升社区自治共治能力的一类社会组织。社区社会组织是基层领域中非常重要的社会组织形式,它们除了具有非政治性、非营利性、民间性、自治性和志愿性等社会组织的基本属性,还具有活动范围主要在社区、服务对象主要是社区居民、活动影响范围主要限于社区等特征。社区社会组织在推动社区治理共同体建设方面具有重要作用,不仅能够凝聚社会力量、创新服务供给模式、激发居民参与意识以促进共建共治,还能增进社会资本,强化社区治理韧性。作为参与社区治理的重要主体,社区社会组织既承担了部分政府职能,又凭借其在地化和专业性特征深入了解了社区居民需求,提升了居民参与意识,激发了社区内在活力。

从整体来看,社区社会组织并不等于法定意义上的社会组织,但在广泛定义上,社区社会组织可以被视作社会组织的重要组成部分,其与法定意义上的社会组织一道构成参与基层治理的重要载体。从基层治理创新的角度来看,社区领域的活力越旺盛、社区的自治程度越高,也就越能通过在地化行动网络构建社区社会资本,自主地为社区治理提供内生动力。因此,大力发展社区社会组织将是“五社联动”参与基层治理的重要保障。

四、社区社会组织在“五社联动”中的角色和功能

(一)社区社会组织在“五社联动”中的角色

社会组织是相对于政府、市场而言的第三部门的重要构成。“五社联动”强调社区、社会组织、社会工作者、社区志愿者、社会慈善资源五个不同社区治理主体共同组成的社区治理和行动体系。社会组织以社区为本,注重激发社区活力、提供专业公共服务,是“五社联动”中的重要主体,能够有效推动辖区志愿者的组织化发展、提升居民参与能力和意识,是“五社”得以“联动”的重要部分。这是因为社会组织是为了实现自身愿景与目标,通过有效管理与利用社会资源等方式,为社会提供公益性产品与公共服务的服务性团体。社会组织与“五社”中的社区、社会工作者、社区志愿者和社会慈善资源均有一定内在联系,是促使它们“有联”且“能动”的组织化通道。作为在实践中将碎片化的个人链接起来的组织载体,社区社会组织日益成为基层治理中的新兴力量。通过政府重塑社区社会组织发展,提升社区社会组织社区性、公益性和公共性,为社区发展提供活力。

1. 信息对接者

作为以提供社会服务为根本目标的组织,社会组织在需求收集和信息对接上具有独特的“亲社会”优势。一方面,社会组织对社区治理问题、居民生活需求和社区发展困境等多个方面都有较为深刻的了解,能够贴近居民生活和社区情境了解现实问题,收集更真实的一手信息。另一方面,社会组织还能依托自身的组织优势搭建信息对接平台,将居民需求和社区需要及时反馈给相关主体(包括居委会、政府相关部门和社会服务机构),以便及时、有效解决社区问题,满足居民需要。

2. 服务供给者

作为提供公共服务的重要主体,社会组织所面对的服务对象包含社区

居民、社区社会组织、社区自组织和社区志愿者等多个群体。一方面，社会组织要直接向社区居民提供专业服务，协助解决社区问题、回应居民的需求；另一方面，社会组织还需要为社区社会组织、社区自组织、社区志愿者等多个群体提供支持和指导服务，以孵化、培育、引导、资源链接等多种形式推动社区内生力量发展。

3. 资源链接者

资源链接者是指社会组织在参与解决居民的问题时，不仅需要联络政府有关部门或社会福利机构争取外部资金支持，还需要联动辖区的社区自组织、志愿团体和广大社会群体，向他们争取所需的资源，并将上述资源及时提供给居民。在社区为本的发展理念下，社会组织更能贴近社区情境，对社区显在或潜在资源能够有更清晰的了解，并能依据居民的实际需求对资源进行合理分配，提升资源使用的效率。

4. 能力建设者

作为能力建设者，社会组织主要发挥以下作用：其一，提升社区社会组织能力。社会组织成为社区社会组织、社区自组织和社区志愿服务队伍等非正式组织的直接赋能者。相较于社区社会组织和社区志愿服务队伍，社会组织在专业性和规范性上有一定的优势，因此能够为社区内其他非正式组织提供增能和培训服务，推动组织发展。其二，提升社区工作人员的专业能力。当前，大多社区工作者都并非专业社会工作出身，在专业知识和服务技巧上略显不足，而社会组织恰能弥补这一问题，为社区工作者提供专业支持和技术增能。其三，强化社区居民参与能力。社会组织通过服务、社区领袖培育、个别化增能等多种形式来激发社区居民的参与意识，提升其参与能力，以促进社区协商治理的实现。

（二）社区社会组织的功能

1. 激发基层治理活力

作为推进社区协商治理的重要主体，社区社会组织在参与社区治理服务过程中，不仅作为社会性主体参与其中，还能够有效推动居民和志愿者参与社区事务,激活内生治理力量,真正实现居民自治。一方面,社区社会组织能够创新政社互动形式、更新社区治理理念,通过开展社区倡导和服务宣传等工作,提升社区居民的参与意识,强化个体参与积极性;另一方面,社区社会组织还能通过专业服务赋能居民,通过培育社区领袖、个别化增能辅导,提升社区居民参与社区协商议事的能力,并引导社区居民自觉承担治理责任,真正实现创新基层治理这一目标。

2. 推动社区协商治理

协商治理在本质上是一种强调多元主体协同参与下的“利益协调机制”,不仅注重多个相关主体的共同参与,还强调对居民自治活力和创造力的激发与培养。社区社会组织参与社区协商是我国民主协商治理的创新形式。社会组织具有强烈的社会属性,并掌握专业、规范的服务技术,在集结社区内生力量、推动社区协商治理发展方面具有独特的潜能与优势。一方面,作为以服务社会为根本目标的组织,社会组织在扎根社区发展的过程中能够最大限度地贴近居民生活,从居民的角度了解其参与困境,并提供针对性的服务,真正实现自下而上的协商治理。另一方面,社会组织能提升居民的参与能力。社会组织推动协商治理是一种双重赋权的行动过程,不仅赋予社区居民议事权,还赋予其行动权,协助社区居民从被动了解向主动参与转变,不断强化其参与意识,从而推动社区发展。

3. 推动志愿者组织化

社区社会组织能够以发现人才、培育赋能的方式将社区内零散的志愿者力量进行整合。社区社会组织通过集结志愿服务队伍,协助制定志愿队伍管理条例等方式,促进志愿者组织化、规范化发展,进而建设出具有长期发展性的志愿队伍。在具体实践中,首先,营造公益氛围,提升个体公益意识。通过社区活动、社区倡导、政策建议等多种形式,在社区内营造良好的公益慈善氛围,从侧面提升居民志愿服务意识。其次,培育公益人才。通过开展公益志愿理论和实践课程,对各类民间公益志愿组织负责人和公益志愿骨干人才进行培训,提升公益志愿队伍的整体能力和水平。再次,规范志愿者队伍成长路径，推动社区志愿者组织化发展，帮助志愿组织提高策划、组织和运作能力。最后，提高志愿者服务队伍的制度化水平，协助志愿者组织形成管理机制，促进志愿服务队伍良性发展。

4. 链接整合社区资源

如何筹集和运用社会慈善资源是社会组织有效参与基层治理面临的难题之一。社区社会组织不仅能将这些资源同专业服务相结合，还能在慈善资源的链接、整合和运用等方面发挥重要作用。其一，整合社区分散的资源。社会组织在与社区居民互动的过程中能促进居民参与公共事务，增加社区社会资本和社区内部组织资源，不断挖掘社区潜在的或具有发展性的资源，并将这些资源运用于社区治理服务。其二，链接并整合外部慈善资源。除了整合社区内部资源，社区社会组织还能利用外部资源，通过非正式政治行动链接并整合社会慈善资源，依托组织的能动性和自主性实现多方位资源整合与使用。

5. 完善治理生态结构

作为基层治理体系中的重要一环，社区社会组织对完善社区治理结构、优化社区治理生态具有重要作用。社区社会组织通过激发调动居民的主体性，使居民从服务接收者变为服务创造者。多元主体的治理参与，有助于推动基层治理生态网络的再造，提升基层治理效能。

第二节 “五社联动”中社会组织面临的结构性困境与发展性策略

社会组织是“五社联动”机制中的重要主体之一，对于参与基层社会治理而言具有重要意义。然而，当前社会组织在发展过程中仍存在显著的结构性限制，导致其在参与基层社会治理中的效能难以凸显。基于此，笔者尝试将社会组织嵌入基层社会治理脉络和体系之中，以促进社会组织核心能力建设和高质量发展，助力促进基层治理体系和治理能力现代化。

一、当前社会组织发展面临的结构性困境

1. 社会组织依附性显著，缺乏稳定的发展预期

我国社会组织是在制度强力驱动下发展的，并逐渐成为政府职能转移的重要承接对象。绝大多数社会组织所承接的服务基本上都是政府委托或发包的公共服务，即使像广东省部分城市中拥有近千名社会工作人才的专业社会工作机构，也基本上以承接政府公共服务为主，要么以项目的方式开展服务，要么以岗位派送的方式将社会工作者派驻到相应的岗位上，且绝大部分经费都是政府提供的。在这个意义上，社会组织的资金来源具有单一性且依附性极强的特点。在强行政支持的生长逻辑下，社会组织与政府之间日渐形成依附性发展关系，主要表现为社会组织主动放低姿态依附政府，以依附式嵌入为策略进入社区场域，而依附式的发展逻辑也让社会组织逐渐丧失自主性。同时，由于政府普遍坚持"模糊发包"的行动逻辑来推动社会组织发展，使社会组织难以以长期稳定的标准制定发展策略。这主要表现为：一是有的地方社会组织承接项目的资金量较大，每次项目周期结束后都要重新进行招投标，而招投标制度并非坚持谁优谁中标的原则，有时采取抽签或低价中标的原则，致使已在某个地方连续服务多年的社会组织丢标，难以继续深入做下去。新的中标机构从适应到发挥作用则需要较长时间，存在着服务的断裂。二是随着经济环境或政策的调整，有的连续几年的政府购买服务项目要么出现资助中断，要么出现项目资金大幅缩水的现象，导致原本稳定承接这些项目的社会组织因为资助方的变动而出现项目无法"养人"的窘境。在这样的情形下，社会组织要么被迫裁员，要么降低团队薪资等，进一步造成社会组织从业人员的强流动性与非稳定性。

2. 社会组织的合法性基础弱，呈现悬浮生长逻辑

社会组织虽然在基层社会治理实践中具有积极作用，但是在步入实践场域中往往遇到合法性不足的难题。有学者指出，社会团体具有四种合法性：社会/文化合法性、法律合法性、政治合法性、行政合法性。其中，法律合

法性是所有合法性中的关键与核心维度。当前，社会组织存在控制型管理取向下执法成本较高、执法不能的困境。同时，相较于街道或居委会等国家赋予行政权威而存在的治理主体，缺乏正式行政授权的社会组织在党政和社会认可度、合法性和正当性等方面均存在缺失，进而陷入多重发展困境。此外，尽管社区社会组织几乎生长于社区土壤之中，但是由于社区社会组织多为一些居民群众自发组织，具有松散性、非组织化、娱乐性等特征，导致它们的社区性、公益性和公共性普遍较弱，因而难以凸显参与社区治理的有效性。由于缺乏合法性基础，许多社会组织常常表现出“悬浮”于社区之外的发展状态。这种悬浮生长的状态使社会组织既无法真正融入社区治理网络，也难以在基层治理体系中有效发挥作用。与此同时，社会组织由于依附政府发展，这种依附式行动策略降低了其原有的服务改善动力，进而使提供的服务悬浮于居民需要并脱离社区发展需求。悬浮式发展带来的最大问题就是“不接地气”，难以解决社区民众急难愁盼的问题或社区治理中的关键议题，也由此进一步导致社会组织被再度边缘化。

3. 社会组织生存取向突出，导致社会取向薄弱

与前述问题相关的是，由于社会组织合法性基础薄弱、依附性发展突出，在外部环境限制下，社会组织普遍选择以生存理性为第一原则。之所以如此，是因为以下原因：一是以新公共管理主义为导向的制度设计，要求社会组织在承接项目时注重项目绩效（而非成效）、强调项目覆盖人群的广泛性（而非精准性）、强调效率（而非效益）、强调过程痕迹管理（而非服务对象的过程性改变），导致社会组织在行动过程中主动迎合上述制度逻辑，花费更多精力进行文本书写，使“社工沦为写工”，而真正的服务投入大幅受限。二是由于社会组织存在非稳定的发展预期，导致许多社会组织为了“活下来”而不在乎是否坚持最初的理念、愿景和使命。随着外部环境的变化，现实中很多社会组织偏离了最初聚焦的某些特定领域，不得不将业务范围泛化，即凡是能拿到的项目都可以做。上述分析表明，社会组织发展总体上存在生存理性高于社会理性的发展逻辑，它们往往在生存理性的驱动下做出

行动选择，以政府指标为核心调整服务行为，通过适应行政考核来换取资源，进而衍生出行动内容虚化、对象边缘化、组织发展游离化等一系列问题。在技术治理的行政要求下，社会组织的社会性被弱化，其原有的发展目标与行动追求也日渐虚化，为求生存而走向行政化发展道路。

二、"五社联动"中社会组织的能力建设

1. 问题与需求识别的能力

社区治理问题错综复杂，居民需求也日渐多元化，社会组织参与社区治理必须深入情境，在了解现实背景的基础上收集事实。识别问题、了解需求是社会组织开展服务的前提，社会组织可以通过问卷调查、访谈、举办座谈会、分析二手资料等方法收集信息，深度了解辖区居民的现实问题和内在需求，进而设计出满足居民需求的服务方案。

2. 组织协调能力与资源链接能力

社会组织的发展与组织协调能力、资源链接能力密切相关。其中，组织协调能力是指社会组织需要具有组织、指导辖区内其他自组织或志愿者服务团队共同完成治理目标的能力。社会组织在提供公共服务的过程中往往需要借助多个主体力量才能达到预期效能，这就需要社会组织具有显著的资源链接能力。资源链接能力是指社会组织在提供服务的过程中，需要链接、整合与服务对象或项目目标相关的各类资源，以满足服务对象的各类需求。同时，社会组织利用资源链接能力，通过长期的关系网络搭建，与其他机构或组织形成一种紧密的互动网络，从而增加自身的发展韧性。

3. 多元化主体沟通的能力

在社会转型时期，利益冲突频繁、社会矛盾凸显，社会问题的复杂性和居民需求的多元性日益增强，仅靠政府力量难以实现有效的社会治理，因此需要创新社会治理形式，推动社会治理多元主体广泛参与。其中，社会组织便是推进多元主体沟通、联动的关键。一方面，社会组织能够通过服务提升多元主体的沟通意识，发掘优秀社会组织和社区骨干分享经验，并在实际行

动中促成不同主体之间的互动合作。另一方面，社会组织还能搭建多元主体沟通平台，借助其“亲社会”和“近政府”的双重优势，搭建起政府部门、社会组织、志愿者、社区居民等多元主体沟通与协作的平台，推动社区治理共同体形成。

4. 提供专业性服务的能力

专业性服务是社会组织得以在社区立足的基本支撑，也是社会组织与居民间信任关系建立的根本保证。若社会组织在提供社区服务的过程中丧失了专业性，其社区地位和居民认可度就会大幅降低。作为提供社区公共服务的重要主体，社会组织应当具备较强的专业能力和较高的服务水平，为社区居民提供优质、高效的公共服务。

5. 提升组织的内部治理能力

当前我国社会组织在数量上飞速增长，但组织的内部治理状况却并不理想，如何提升社会组织的内部治理能力成为关键。其一，加强组织成效宣传，提高社会组织的认知度。要想让社区居民了解社会组织的作用，就必须加强社区宣传，增强居民对其的认知度。正向成效宣传和服务内容推广能够有效提高社区居民对社会组织的认知度，为组织赢得更多的社区信任和居民支持。其二，提升专业服务能力。传统的社区工作方法和经验大多是非专业性的，社会组织也常陷入专业性不足的发展困境，因此提升专业服务能力是社会组织长远发展的重要基础。社会组织不仅要学习专业知识，还要将其用于服务实践中，为社区提供规范、高效的公共服务。其三，做好组织发展规划。社会组织应重视并加强自身建设和发展规划，规范组织架构并健全组织章程，完善内部管理制度。社会组织要在明确组织发展目标和愿景使命的基础上进一步制定发展战略规划，梳理和定义组织的核心业务，明确组织发展的阶段性目标和总体目标，并及时采取行动，走上迅速发展之路。

6. 加强开拓创新能力

开拓创新是社会组织发展进步的核心能力，也是社会组织在竞争中获取优势的利器。一方面，社会组织要坚持理论创新。社会组织在提供公共服务的过程中离不开专业理论的指导，但从现有实践结果来看，社区社会组织大多借鉴西方理论，缺乏本土创新。因此，社会组织应当加强理论指导和知识创新，采用更契合本土情境的理论指导实践。另一方面，社会组织要注重实践创新。随着社会问题和居民需求日益多元化，社会组织也需要不断创新实践形式、优化服务方式，为社区居民提供多样化的专业服务，以满足不同的需求。

7. 提高评估督导能力

及时有效的监察与评估是加强社会组织自身运营规范的重要途径，也是提升社区自组织和其他志愿服务团队专业能力的有效方式。一方面，社会组织要加强对自身服务过程进行监督和评估的能力。为保证社会组织运营的规范性、强化组织内部成员的权责意识，社会组织需及时对自身的服务进行反思性评估和赋能性督导，借助组织内部力量提升服务效能，进而保障组织的合法权益和公信力。另一方面，社会组织要强化对社区自组织的服务进行监督和评估的能力。社会组织可以制定适宜的监督标准和评估流程，并定期对辖区自组织进行检查和评估，以便及时发现并解决问题，提高工作效率。在检查评估的过程中，社会组织可以向社区居民和居委会征求意见，了解社区自组织的发展状况、服务水平和居民满意度等相关信息，并以此作为监督和评估的依据。

三、社区社会组织参与社区治理的发展路径

（一）以专业赋能助推社区社会组织优质发展

借助社会工作的专业知识和服务技巧为社会组织赋能，以提升社会组织的服务专业性、行动有效性。一方面，加强人才队伍建设。人才是社会组织发展的第一资源，加强社会组织人才队伍建设，不仅能够促进社会组织的可持续发展，还能提高其从业人员的专业素质和服务水平。社会工作可以通过孵化、引导和培育等策略对社会组织进行持续性赋能，从多个层面提升

其参与社区治理的服务水平和行动能力，进而强化社会组织的有效性和专业性。另一方面，引导社会组织完善相关制度。在组织内部完善层面，协助社会组织制定团队内部管理、志愿者服务、协商自治等制度；在组织外部发展层面，协助社会组织完善社区居民吸纳和动员制度，通过培养居民骨干，引领、动员社区居民参与的方式来扩大组织规模，提升社会组织的规范化和制度化发展水平。

（二）以培育社区社会资本强化资源供给

社区社会资本是破解当前社会组织在社区治理中“弱参与”困境的一种整合性发展思路，能够精准发现社区居民需求并为其创造满足需求的结构性条件，进而形成能够持续互动的社区生态系统。社区社会资本产生于居民的社区生活之中。作为社区发展的润滑剂，社区社会资本能够助力美好、安全社区的形成。社会资本是一个多维概念，由网络、信任、规范等多种要素构成，能够从参与动力、参与网络、参与制度等多个方面促进社区参与并提高参与水平，提供了一种更具整合性、包容性的思路。社会组织可以通过构建“熟人社区”，消除居民间的陌生感；通过强化社区网络，增强居民团结，提升社区公共意识；通过协调政社互动，建立社区居民与政府之间的良性合作；通过培育志愿者队伍，形成较为稳定的社区自组织，在弘扬社区志愿精神的基础上进一步营造志愿者参与的氛围，增强社区社会资本的可持续性。社会组织在发展过程中，可以以社区资源为支点，最大化地撬动辖区内多元力量参与社区治理，为社区自治和组织发展提供更丰富的资源支持。

（三）以政策倡导与创新拓展社会组织的发展空间

制度环境是影响社会组织发展的重要因素之一，优化制度环境能够进一步拓展社会组织的生存和发展空间，增强组织能力和社会认可度，进而提高社会组织的社会服务绩效。可以从制定正式的制度和获得非正式的政府认可两个方面进一步完善政策内容，优化社会组织发展的制度环境。从当前与社会组织相关的制度来看，我国社会组织面临着典型的过渡性制度环境背景,与组织注册、定位、资金、参与和监管等多个方面相关的制度都尚不健全,约束较多而激励较少。因此,政府应综合运用多种政策工具为社会组织赋能,建立现代社会组织管理制度与政策体系,积极促进孵化器的创新与支持型社会组织的发展,建立政府购买服务的公共财政制度与公益创投机制,把社会组织提供公共服务与社会组织自身能力建设相融合。

(四)以人才培养为抓手提升服务水平和能级

社区居民参与社区公共事务是实现“共治”的重要路径,通过培育社区骨干和志愿者服务人才来提升居民的参与意识和参与能力是根本路径。深度挖掘社区潜在自治力量、激发社会组织共治活力是社会组织推动社区治理,打造共建共治共享服务新格局的有效策略。在社区治理服务中,社区骨干和社区志愿者是具有独特优势的参与者,只有充分激活他们的力量,提升他们的服务能力和专业性,搭建居民自我展示平台,才能将更多的社区居民转变为组织服务执行的有力助手,提升基层服务水平和服务能级。

第三节 “五社联动”中社会组织有效参与基层社会治理的方法和路径

社会组织是“五社联动”参与基层社会治理的重要组织化载体,不仅包括支持型、枢纽型和服务型社会组织,还包括各类社区社会组织。因此,在探讨“五社联动”中社会组织的参与方法和路径时,我们需要将不同类型的社会组织纳入“五社联动”的框架中进行分析。

一、社会组织参与基层社会治理的方法

1. 以党建核心引领为根本要求

当前,我国社会治理在总体上坚持党建核心引领的根本逻辑,这一逻辑同样要求社会组织的发展、建设及其在参与社会治理的过程中需要坚持党

建引领。党建引领社会组织发展主要包括以下两层含义：

其一，坚持党对社会组织发展的政治引领，突出社会组织实践、行动与发展的政治方向。目前，各级政府十分强调对社会组织发展的政治引领，无论是在社会组织内部建立党支部，还是多个社会组织建立联合党支部，抑或通过社会组织成立综合党委、“两新”工委等方式，都为社会组织建立了明晰的党建组织体系。在实践中，部分地方提出“将支部建在站上”的理念，即在街道（乡镇）社工站平台上建立党组织，进而更好地整合、联动辖区相关组织及其资源，通过社会组织党组织建设，实现党对社会组织的引领，确保社会组织的方向正确、组织之间实现联动、资源网络实现共享。

其二，强调社会组织反向借力党政资源，以更好地获取资源、提供服务，进而实现更好的发展。关于党建引领社会组织的第二重内涵目前尚未受到普遍的认识和深化，很多人认为党建引领仅仅只是接受党组织的领导，实际上，党建引领社会组织更为重要的意涵就在于，社会组织要主动借助党政优势，为自身参与基层社会治理开拓空间、整合资源，进而为行动实践提供合法性。这就要求我们从过去理解政府与社会组织之间的政社关系转变为理解党组织与社会组织之间的党社关系，以更好地推动社会组织与党政资源联动，形成基于党政优势主导的社会组织行动与治理效能。目前，社会组织在基层社会治理实践中能发挥的作用存在限度，在很大程度上是因为它们难以获得地方党政主体的合法性支持。因此，坚持党建引领社会组织实质上是为社会组织寻求政治赋能，进而更好地彰显其参与社会治理的专业效能。

2. 以多元组织载体为行动主体

社会组织有助于促进社会或社区的组织化或再组织化。非正式注册的社区社会组织可以让松散、碎片的社区居民形成一个一个的网络，当某位居民遇到困难或有需求时，整个组织的成员就会伸出援手。正式的组织可以将面临困难的个人、家庭、群体或社群组织起来，形成支持网络。例如，当社会工作者将具有相似遭遇和经历的失独家庭组织起来形成互助支持网络时，他们能够互相提供情感抚慰，形成相依互助的情感共同体，以满足失去独生子女后的精神、心理和物质等层面的需求。这种组织化的逻辑是社会组织区别于政府和市场化手段的重要优势，体现了社会组织内在的社会性优势。

同时，仅有社会组织也是不够的，社会组织目前多作为项目承接方，其服务资金主要来自政府公共财政，存在资金来源单一、组织发展的依附性特征较强等问题。为了突破社会组织单一的公共服务功能和"输血式"资金来源瓶颈，社会组织不仅要向外（如辖区单位、相关领域的企业、公益慈善组织等）整合各种资源，以寻求服务特定人群的多元化资源网络，还要尝试探索"自我造血式"发展模式。区别于政府购买服务和寻求企业、基金会资助等模式，社会组织可以尝试向社会企业转型，在坚持社会使命优先、社会价值不漂移的前提下，通过商业化手段实现自我造血，为特定人群和领域提供可持续的服务供给。其中，四川省成都市部分地区探索的"根系式"发展模式可以为社会组织健康发展，以及社会组织有效参与基层社会治理提供参考。

3. 以搭建治理平台为参与载体

相对于社区或各类人群来说，社会组织始终体现出"局外人"的特点。如何让社会组织服务的广大对象能够具有自主性和主体性，需要社会组织搭建形式多样的组织载体。例如，作为20世纪八九十年代建成的动迁安置社区，上海市徐汇区梅陇三村的居民对于动迁安置政策存在不满，社区内环境杂乱，居民与居民、居民与居委会干部之间的关系十分紧张。因此，要改变社区治理中面临的结构性问题，就需要为社区居民搭建沟通、对话、协商、参与的多元化平台。2010年，在梅陇三村社区党总支指导下，居民骨干志愿者自发形成了"绿主妇 我当家"行动小组，在社区中摆摊回收居民的日常生活垃圾，不仅让广大居民觉得新鲜，还可以用垃圾分类回收获得的积分换取一些生活所需物资，调动了居民的积极性。在一段时间后，社区参与垃圾分类的居民越来越多，原先的社区社会组织——"绿主妇 我当家"行动小组也在上级政府的指导下完成了从自治组织到正式注册的法人组织的蜕变，成为服务范围更加广泛的社区垃圾分类和绿色社区治理的支持性组织。

在这一组织载体的指导支持下，梅陇三村进一步搭建了10余支居民自治团队，为社区内500多名经常参与社区自治的居民搭建了持续行动的平台。他们有的组织起来开展“一平方米菜园和阳台项目”；有的组织起来形成“绿主妇议事会”，协助党组织、居委会了解社区居民需求，并通过“居民做居民工作”的机制解决了许多事项，逐渐探索出社区治理中的民主化机制；还有的团队组织起来回收居民的废旧衣物，并通过专门爱心企业消毒后，由居民重新进行编织，完成了超过3万件毛衣，并送到了西藏、云南、广西、贵州、安徽等地的希望小学，实现了跨越边界的爱的传递。居民在上述各种载体中越来越体会到参与社区治理的价值和意义，有的居民原先相互之间存在矛盾和嫌隙，通过参与这一系列组织化的活动，原先的矛盾得到了化解，居民也在此过程中逐渐改变了对党和政府以及居委会的态度和认知，实现了从原先矛盾突出、治理任务严峻到居民参与有序、社区组织化和公共性都得到显著彰显的转变。因此，在社区搭建治理平台是社会组织参与社会治理的重要载体。

4. 以提供优质的服务为行动基础

社会组织何以独特？有别于政府和企业组织的根本特征，社会组织具有社会性，而这种社会性又是通过其提供优质的服务来实现的。因此，提供优质的服务是社会组织参与基层社会治理的行动基础，是社会组织区别于其他组织的“不可替代性”维度。优质的服务指的是在能够直面服务对象的真实处境的基础上所形成的精准化的服务行动，能够扎根社区实际所形成的社区为本、生活为本的服务实践。其中，专业社会工作是社会组织提供优质服务的重要方法。目前，社会工作服务实践已经覆盖了慈善事业、社区建设、残障康复、矫治帮教、卫生健康、应急处置等诸多领域，只有将专业性与社会性融入这些领域，才能实现应有的改变和服务效果。

笔者在调研中发现，社会组织中的社会工作者将专业理念、方法与本土文化元素相结合，在基层社区开展服务时，影响了曾长期上访的人员：通过立足服务对象家庭的实际处境,坚持设身处地的同理心和关心关怀,逐渐改变了长期上访人员的心理和行动;通过政策的有效指导和支持,实现了从长期上访户到社区治理的积极参与者的转变,体现了专业社会组织的柔性化优势,实现了刚性问题的柔性化治理。可见,将专业方法与服务对象的生活实践加以结合,使他们感受到自己被尊重、被理解,进而发生改变。这种通过服务逻辑促使基层治理中的矛盾得到化解的行动方式是社会组织应该普遍探索的。

二、社会组织参与基层社会治理的路径创新

《中共中央 国务院关于加强基层治理体系和治理能力现代化建设的意见》指出要“建设人人有责、人人尽责、人人享有的基层治理共同体”。社会组织到底应该如何参与基层社会治理呢?笔者将从下列四个方面展开。

(一)有效嵌入社区情境,探索创新型社区治理模式

“嵌入性”是波兰尼在《大转型:我们时代的政治与经济起源》一书中深刻阐述经济(市场)与社会的关系时提出的理论概念,强调“经济(市场)嵌入社会”而非相反的逻辑。嵌入性理论被诸多领域的学者积极使用,社会工作、社会组织发展领域的不少学者也加以运用。笔者认为,社会组织参与基层社会治理所坚持的“嵌入社区”的逻辑,旨在强调社会组织要扎根社区、立足社区实际,以社区真实情境为出发点开展行动和提供服务。这种“嵌入社区”的逻辑并非仅仅强调社会组织“进入”社区,“嵌入”一词蕴含着较高的价值属性,规定了作为行动主体的社会组织要遵循社区的真实情境,进而采取适应性的行动、提供合适的服务。在很大程度上,这种“嵌入社区”的逻辑正是社会组织与社区、社会之间本质关系的体现。笔者强调这种“嵌入社区”的社会组织发展逻辑,不仅有助于突破过去社会组织难以扎根社区、存在悬浮式发展的困局,也有助于打破社会组织“嵌入系统”的逻辑,真正强调社会组织要立足社区居民的日常生活实践,发现居民需求、评估服务对象和社区内外的资源和优势,进而有针对性地制定行动方案并付诸实践。

“嵌入社区”的提法有助于改变过去对社会组织发展的学理思考。过去，我们往往从“国家—社会”二元对立的视角来研究社会组织，这种二元对立的视角是当前研究社会组织难以跳脱出的理论框架，也在某种程度上限制着社会组织的高质量发展和治理效能的发挥。“三社联动”与“五社联动”中有关“嵌入社区”与“嵌入社会”的观点，则尝试着淡化“国家—社会”的二元性结构关系。“嵌入社区”的理论逻辑强调社会组织，以及更广阔的党委、政府、社会工作者、社区志愿者、公益慈善资源持有主体等都要立足社区实际，以社区为中心，形成联合性行动和联动性机制。因此，“嵌入社区”既可以被视作社会组织参与基层社会治理的视角创新，也可以成为“五社联动”参与基层社会治理的新型理论视角。

（二）融入居民生活实践，切实了解社区的根本性需求

随着服务型政府和服务型政党建设步伐的加快，我国公共服务体系和社会保障水平都在不断优化和提升，使面向公众的公共服务覆盖面日益扩大。但是，笔者在多次调研中发现，社会组织提供的服务存在“瞄不准”和“供需偏差”的问题。“瞄不准”指的是社会组织没有真正聚焦服务对象的需求和实际来开展服务，因而其所开展的服务行动容易出现偏离需求和目标的情形。“供需偏差”凸显了在社会服务提供过程中，多元主体之间存在着需求（既有政府作为公共服务主导者的需求，也有居民大众存在着的真实需求，还有社会组织基于自身组织使命和愿景所形成的需求），当这些需求各自为政、未能达成一致的目标，形成共同性需求时，就会产生实际需求与服务供给之间的偏离，导致满足的并非真实的社会需求。这种现象在现实中比较普遍。

基于此，要解决“瞄不准”“供需偏差”等问题，就需要探索融入居民实际生活场景的社会组织参与模式。具体而言，社会组织可以采取三种策略融入居民：其一，深入居民的日常生活实践中，了解民众的生活情境，关注他们的所思所想和诉求，在此过程中总结出居民的需求；其二，要了解居民的生活习惯和行为模式，以居民熟悉的、易于接受的方式方法开展服务，以便有助于使社会组织与居民打成一片；其三，调动居民的积极性和主体性，在了

解居民需求的过程中与他们一道探讨问题类型、问题产生的根源,以及进一步改进的方向和路径,并共同应对目前面临的处境和问题。上述三种策略可以让社会组织逐渐形成“以服务对象为中心”的行动逻辑,这种行动逻辑与社会组织的社会性之间存在内在连通性。

(三)协同参与共建共治,构建社会治理的行动网络

如前所述,社会组织是“五社联动”行动框架中的组织化行动者,在很大程度上可以被视作基层社会治理的“活化剂”。党的十九届四中全会指出:“必须加强和创新社会治理,完善党委领导、政府负责、民主协商、社会协同、公众参与、法治保障、科技支撑的社会治理体系,建设人人有责、人人尽责、人人享有的社会治理共同体,确保人民安居乐业、社会安定有序,建设更高水平的平安中国。”党的二十大报告进一步强调社会治理共同体的构建,其中对社会组织等社会力量的协同治理定位做出了重要规定。社会治理共同体的构建实质上就是促进基层社会治理生态的构建,这种构建需要社会组织协同党政和其他力量共同形成治理行动网络。因此,社会组织需要主动联动相关主体,包括党政主体、村(社区)“两委”、社区志愿者和社会慈善资源等,打通社会组织与社区、社会工作者、社区志愿者、社会慈善资源之间的关系,形成共识共商共建共治共享的社会治理共同体。

具体而言,包括以下四点:其一,社会组织要努力争取城乡社区党组织的支持。党建引领是基层社会治理的核心引擎,如果不能得到社区党组织的认可和支持,社会组织就难以真正扎根社区实际、把握居民真实需求,进而采取精准化的行动。因此,社会组织需要策略性地、有智慧地与城乡社区党组织有效沟通,在入场、需求排摸、方案设计、服务行动、资源提供等方面争取社区的支持,这是社会组织有效参与基层社会治理的关键前提。其二,社会组织要注重专业社会工作人才队伍的能力建设和多维支持。当前,一线社会工作者存在专业性被稀释、人员流动快和服务经验难以积累等问题,社会组织应该聚焦这些问题采取针对性的赋能行动。例如,进一步优化一线社会工作者的服务环境,加强社会组织文化建设,通过软环境建设提升社

会工作人才队伍的稳定性和有效性；通过有针对性的社会工作者成长计划，为青年社会工作人才队伍保驾护航，形成组织内外的督导支持体系；通过创新项目运作模式，拓展项目资源渠道，提高一线社会工作者的薪酬待遇。专业社会工作者是“五社联动”行动框架的“专业灵魂”，只有结合社会工作的专业性与实践智慧，才能真正提升社会组织参与基层治理的效能。其三，社会组织要培育并引导社区志愿者有组织地参与社区治理。以往的社区治理存在志愿者数量匮乏和队伍单一等问题，在“五社联动”实践中，社区志愿者是其中的重要构成，社会组织要积极创造条件、搭建平台，为社区居民参与社区公共事务提供舞台，让更多社区居民有意识、有机会、有能力地参与社区治理，从而激发社区活力，实现社区广泛的自助、互助和共助。其四，社会组织要努力整合各类社会慈善资源。在当前第三次分配战略背景下，各方主体都有参与第三次分配的行动和资源，社会组织应该主动抓住这些契机，主动与各类社会慈善资源主体接洽，争取资源。例如，腾讯公益慈善基金会、阿里巴巴公益基金会、浙江蚂蚁公益基金会等大型企业基金会近年来加大了参与第三次分配的力度，并在“五社联动”领域采取了积极的行动。社会组织要主动扩展资源，拓宽资金来源渠道，创新服务供给内容和方式，通过多元化资源支持探索创新型社会服务体系。

总而言之，在市场化进程中，作为社会结构优化和社会体制创新的重要力量，社会组织以创新灵活的方式参与基层治理，与其他主体形成多元共治的治理共同体。在“五社联动”参与基层社会治理的过程中，社会组织既不是万能的，也不是无足轻重的。社会组织健康发展是一个社会进步与创新的重要标志，因此，未来要进一步从顶层设计上破除社会组织发展面临的体制障碍、从机制上优化社会组织有效参与基层治理的通道、从资源上构建社会组织发展的立体化资源网络、从效能上真正发挥社会组织服务与治理相结合的功能。如此，才能真正形成中国式现代化进程中具有中国特色的社会组织体系，以及社会组织参与社会治理的本土经验，乃至进一步为社会组织参与全球社会治理提供中国方案和中国经验。

第六章 “五社联动”中的社区志愿者

第一节 社区志愿者的角色和功能

角色和功能是结构功能主义理论中两个相互联系的基本概念。结构功能主义代表人物帕森斯认为，社会是一个高度组织化和复杂结构化的系统，这一系统内部虽然有矛盾有变迁，但是总体上是协调和均衡的。为了解释社会结构的协调性和均衡性，帕森斯提出了“位置—角色”这一概念，并将其作为社会系统结构的基本分析单位。“位置”是指社会行动者在社会系统中所处的结构性方位，而“角色”是指社会对这一位置所具有的行为期待。当行动者满足了社会对其角色的行为期待后，角色在社会结构中的功能也就实现了。根据这一理论，作为“五社联动”的重要元素，社区志愿者能够在社区治理中扮演重要角色、发挥积极功能。

一、社区志愿者的角色

根据结构功能主义，角色由行动者的位置决定，而行动者的位置在不同的参照系中是不同的。换言之，行动者在不同维度和不同层次上会扮演不同的角色，从而形成“角色丛”。社区志愿者在“五社联动”中也会形成角色丛，主要扮演服务提供者、关系协调者和价值践行者这样的角色。

（一）服务提供者

志愿者在我国香港和内地少数地区被称为义工，在我国台湾地区被称为志工。不管什么称谓，他们的主要任务是向社会公众提供志愿服务。根据《志愿服务条例》，志愿者是指以自己的时间、知识、技能、体力等从事志愿服务的自然人。志愿服务是指志愿者、志愿服务组织和其他组织自愿、无偿向社会或者他人提供的公益服务。《深圳市义工服务条例》将义工界定为出于奉献、友爱、互助和社会责任，经过登记，自愿、无偿地以自己的时间、技能等资源开展社会服务和公益活动的人员。可见，志愿者是指自然人，法人或其他组织不能成为志愿者。志愿者提供的志愿服务无论表现形式如何，都具有共同的属性，即自愿性、无偿性和公益性。

自愿性是志愿服务的应有之义，也是志愿服务的基本属性。一般而言，自愿是指行动者出于自己内心的意愿，未受到外在的强制或胁迫而做出的选择。不过笔者认为，志愿服务的自愿性除了一般意义上的自愿，还应包含远大的“志”向和高尚的动机，这可能是志愿服务之所以被称为“志愿”服务的原因。《深圳市义工服务条例》关于义工的界定似乎印证了这一点。无偿性是志愿服务的又一基本属性。无偿是指志愿者的志愿服务本身是没有报酬的，更不适用等价交换的市场原则来获得经济回报，但是志愿者因参与志愿服务而支付的交通等费用可以得到补偿。因此，无偿性与志愿者在志愿活动过程中领取适当的交通补贴或误餐补贴并不冲突，与志愿者获得的表彰奖励也不矛盾。志愿服务还有一个属性是公益性。公益性是指志愿服务的公共性和有益性。公共性表示志愿服务是面向社会或不特定的个人的，而有益性是指志愿服务对个人和社会是有益的。正如《志愿服务条例》规定的"开展志愿服务，应当遵循自愿、无偿、平等、诚信、合法的原则，不得违背社会公德、损害社会公共利益和他人合法权益，不得危害国家安全。"

（二）关系协调者

志愿服务涉及志愿者、志愿服务组织和志愿服务对象等多个主体，这就意味着开展志愿服务需要处理好多方面的关系。根据"位置—角色"理论，在不同的参照系中，志愿者所处的位置不同，人们对其的角色期待也就不同。换言之，在志愿服务系统中，不同的主体对志愿者的角色期待是不同的。社区党组织希望志愿者通过志愿服务协调党群关系，从而夯实党的群众基础；基层政府和志愿服务组织希望志愿者通过志愿服务完善政社关系，实现良好的社会治理；服务对象希望在接受志愿服务的过程中建立良好的居民关系，形成和谐的社会氛围。

作为关系协调者，志愿者在志愿服务过程中可以协调多方面的关系，主要包括党群关系、政社关系、居民关系。基层党组织曾一度处于软弱涣散的状态，领导作用发挥不充分，党群关系不协调。自加强基层党建工作以来，党员的先锋模范作用日益显著，社区党员志愿服务队几乎成为基层党建工作的标配。哪里有困难，哪里就有党员志愿者。党员志愿者在协调党群关系、夯实党的执政基础等方面发挥了积极作用。志愿者可以自行开展志愿服务，也可以参与社会组织开展的志愿服务。从实践来看，后面一种形式居多。在转变政府职能的背景下，社会组织中的志愿者在志愿服务中成为协调政社关系的一条纽带。社区志愿者通过开展志愿服务协调居民关系：一方面通过家事调解、矛盾调处直接协调居民关系，另一方面通过助老助残等关爱服务间接协调居民关系。

（三）价值践行者

志愿服务是一项高尚的事业，必然承载着崇高的价值追求。《志愿服务条例》开宗明义地指出了制定条例的目的是"培育和践行社会主义核心价值观，促进社会文明进步"。习近平总书记也强调："党的十八大以来，广大志愿者、志愿服务组织、志愿服务工作者积极响应党和人民号召，弘扬和践行社会主义核心价值观，走进社区、走进乡村、走进基层，为他人送温暖、为社会作贡献，充分彰显了理想信念、爱心善意、责任担当，成为人民有信仰、国家有力量、民族有希望的生动体现。”可见，社区志愿者还扮演着价值践行者的角色。

志愿服务是社会文明进步的重要标志，志愿者也是社会文明进步的参与者和推动者。首先，开展志愿服务必须以社会主义核心价值观为引领。社会主义核心价值观不仅能保障志愿服务坚持正确的政治方向，而且能为志愿服务提供强大的精神动力。社会主义核心价值观是凝聚人心、汇聚民力的强大力量，也是动员广大志愿者积极参加志愿服务的强大动力。其次，开展志愿服务必须弘扬革命文化。革命文化的精髓是中国共产党人的精神谱系，而伟大建党精神是这一谱系的精神之源。在实践中，将志愿服务与学习党史相结合是志愿服务弘扬革命文化的生动体现。最后，开展志愿服务必须传承中华优秀传统文化。志愿服务是中华传统美德的现代体现，在推动明大德、守公德、严私德，开展文明培育、文明实践、文明创建等方面发挥了重要作用。

二、社区志愿者的功能

根据结构功能主义，功能是指组成社会系统的要素在满足社会系统运行过程中所表现出的特性、能力和作用。功能理论从不同的维度对系统的功能进行了分类，国内学者对志愿服务的功能也开展了相应研究。谭建光认为，中国青年志愿服务具有“助人”与“育人”双重功能，助人的特点体现在助人的敏锐性、活跃性、细腻性、专业性、时尚性等方面，而育人的特点体现在育人的感知性、体验性、互动性、自主性、持续性等方面。助人和育人是从服务关系角度对志愿服务功能的分类。从社会结构角度来看，作为“五社联动”体系的重要元素，社区志愿者可以在社会服务、社区治理和文化传播方面发挥重要作用。

（一）社会服务功能

社会服务功能是社区志愿者回应居民的服务需求所呈现的功能。社区志愿者提供的服务一般包括助老服务、助残服务、便民利民服务、社区公共服务。社区志愿服务的特点如下：一是敏锐性。社区志愿者本身就是社区居民，对居民的需求有切身的感受，容易设计出接地气的服务方案。二是灵活性。社区志愿服务的规模一般不大，志愿者处于熟人关系或邻里关系之中，服务内容和过程相对比较灵活。三是感染性。社区志愿者可以通过志愿服务影响其他居民的观念和行为，有利于营造邻里互帮、守望相助的良好氛围。社区志愿服务的成效是满足了居民服务需求、优化了社区治理环境、提升了社区公共精神。下面的访谈记录能管窥社区志愿服务的成效。

"疫情防控期间，社区联动小档口、小作坊、小娱乐场所，动员超市、足浴店、理发店里的工作人员参加志愿服务，主要包括测核酸、守楼栋、送物资等。对特殊困难人员（如独居老人、失能失智人员）开展结对服务，精准解决他们的困难。红领巾服务队也开展宣传、劝导等工作，且他们的劝导效果往往更好。比如，我们劝人家戴口罩，人家不一定听，但是红领巾服务队里的孩子一劝，人家马上就戴上了。"

"在工作中，我们发现志愿服务真的能改变人。我们社区有一位王姐，患癫痫病，性格内向，与左邻右舍的关系比较紧张。我们了解她的情况后，邀请她做志愿者，积极参与社区活动。现在她开朗了许多，与左邻右舍的关系也好起来了。还有一位老太太因喜欢捡垃圾与邻居时有冲突，自己的情绪也起伏不定。成为志愿者后，她融入了社区群体，情绪变好了，与邻居的关系也慢慢改善了。"

（二）社区治理功能

社区治理功能是社区志愿者回应社会运行的秩序要求所呈现的功能。作为治理主体，社区普遍面临任务繁重、人手不足的困境，发展志愿服务可以在一定程度上缓解这一困境。另外，发展志愿服务还可以减少“参与赤字”，有利于构建共治共享的社会治理格局。从各地的实践情况看，志愿服务有效参与社区治理的案例都有一些共同的特点，例如，党委、政府重视，党员带头参加，切实解决居民急难愁盼问题。这里用深圳市大鹏新区的例子来说明志愿服务的社区治理功能。

案例一：深圳市大鹏新区下沙社区“1+1+N”基层治理模式

下沙社区地处大鹏半岛金沙湾，村民世代与海为邻，以打鱼为生；2011年6月完成整村搬迁，实现“村改居”；现有常住居民4 000余人，其中原村民725人。2014年，因党组织在社区整体搬迁中不能发挥战斗堡垒和先锋模范作用，对搬迁政策理解不透、宣讲不透，对群众的呼声和诉求不能及时传达、解决，引发赴省集体上访事件。为扭转不利局面，大鹏街道党工委坚持自省、痛下决心，建立“有求必应”群众工作机制，以志愿服务为突破口，建立了“暖心下沙”志愿服务体系，形成了以党组织为核心，以党员志愿服务为引领，驻社区单位和居民参与的共建共治共享治理格局。

第一，以党员为核心，带领居民骨干成立特色服务队。由社区党委派出骨干党员组建志愿服务队伍，通过宣传示范、引领带动，发动群众组建巾帼服务队、夕阳红服务队、朝阳服务队等志愿服务队伍，协助社区党委和网格员开展日常工作，主要包括垃圾分类、行为劝导和治安巡查等。

第二，以需求为导向，响应党委号召成立动态服务队。在社区党委的持续推动下，群众志愿者的规模不断扩大，服务热情也持续高涨。在新冠疫情防控期间，下沙社区志愿者不仅帮助社区网格员开展入户巡查、卡口测温等工作，使下沙成为新区仅有的一个未购买卡口执勤服务的社区，也满足了居家群众心理援助、物资采购、作业辅导等个性需求。目前，社区主动注册为社区志愿者并经常参与服务的就有420人，约占常住人口的10%。

第三，以项目为载体，成立社区专业志愿服务队。2020年8月，下沙社区党委实施“志愿服务赋能计划”，由社区居民组建志愿服务项目团队：一类为特长型志愿服务项目团队,如儿童性教育家长工作坊等;另一类为基层治理志愿服务项目团队,如文创巡查团队。文创巡查有315户家庭2 391人次参与,累计志愿服务2 391小时,发现并整改问题47宗。

第四,以激励为保障,联合社区商家实现互惠共治。为了持续激发社区居民参与志愿服务的热情,在辖区企业赞助下,社区党委同时建立了“爱心超市”和“时间超市”两大平台。志愿者们可以用服务时间换取相应积分,并在固定时间到“爱心超市”用每月或每个季度的服务总分换取日常用品;或以服务换服务,参与社区“民微项目”的各类活动。

经过近7年的发展,下沙社区已经形成了“1+1+N”基层治理模式(1个核心、1个志愿服务体系、N个志愿服务队),建立了党委一呼百应、群众有求必应的工作机制,破解了“党组织发出号召,群众充耳不闻”“党组织开展活动,群众袖手旁观”“党员在干,群众在看”“组织群众,群众不跟”等基层治理难题。

(三)文化传播功能

文化传播功能是指志愿服务在改变人们的思想意识、发扬利他主义精神、推动社会文明进步等方面所发挥的作用。志愿服务是现代社会文明进步的重要标志,是展示城市形象和市民道德素质的重要窗口,是传递爱心、传播文明的崇高事业。社区志愿者在提供社区服务、参与社区治理的同时,以高尚的价值追求鼓舞人心,以博大的志愿精神催人奋进,在传播文化、促进文明方面发挥着独特的作用。这里以深圳市大鹏新区公共文明创建项目为例,说明社区志愿者的文化传播和文明促进功能。

案例二:深圳市大鹏新区公共文明创建项目

自2020年起,大鹏新区在开展公共文明创建工作时,采取政府购买社会服务的方式,依托在地社会组织力量,通过定期开展公共文明指数动态测评,适时掌握和上报新区整体公共文明指数情况,为新区文明城市创建整改工作提供事实依据。结合点位多且散、地域广阔且偏僻等实际情况，大鹏新区采取“双工联动”的模式推进创文工作开展，充分发挥义工群体体量大、分布广、时间灵活、参与意愿强等特性，招募符合条件的义工参与创文日常测评、值班、督导、巡查等工作。

大鹏新区公共文明城市创建项目分为三个子项目。一是公共文明指数测评项目，主要内容如下：组建一支义工队伍并开展培训，由义工开展实地测评并上报数据；义工参与创文宣传和满意度入户调查；义工代表建言献策。二是群团工作部志愿站点岗位服务和督导项目，主要内容如下：参照创文要求，安排义工在站点值守；参照创文要求，开展义工巡检和督导。三是新区人力资源和社会保障局义工站点服务项目，主要内容如下：参照创文要求，安排义工站点值守；参照创文要求，开展义工巡检和督导。

大鹏新区公共文明指数测评流程如下：第一步，测评任务发布。社会工作者结合新区要求或月度安排发布测评任务。第二步，实地测评。各办事处安排义工(测评员)在规定周期内开展实地测评，并上报数据。第三步，问题梳理和通报。新区文明办的社会工作者汇总并核对数据后，形成周报并上报新区，新区核查数据并通报各责任单位。第四步，问题整改。新区各部门在两周内整改问题并反馈，将不能及时整改的问题及时向新区文明办报备。第五步，实地复查。社会工作者发布复查任务，义工实地复查整改情况并上报数据。第六步，月度排名。社会工作者汇总责任单位数据，按照两次测评分数的平均分对责任单位的月度绩效进行排名。

“双工”(社会工作者和义工)联动开展公共文明指数测评取得了良好成效。自 2020 年起，两年半内，累计开展居民满意度调查 3 900 余人次；上报周报 107 次，发现问题 3 365 宗，涉及新区 16 个责任部门，有效推动了新区文明城市创建整改工作。2019 年新区公共文明指数测评位列全市第 9 名，2020 年上升为全市第 1 名，2021 年获全市第 4 名。公共文明指数测评项目丰富了社区志愿者参与新区文明创建的路径，推动了新区文明宣传实践。通过标准学习、实地测评、点位巡查等具体化形式，激发了志愿者群体参与创文工作的主人翁精神，使志愿服务活动成为文明城市建设的有效抓手。

第二节　社区志愿者动员和管理

一、社区志愿者动员

“动员”一词起源于普鲁士，起初是一个军事概念，意指国家为进入战争状态而进行的思想宣传、组织发动和人力物力部署。后来，动员的含义被逐步拓展到其他领域，泛指发动人们参加某项活动的过程。动员过程已经成为政治学、社会学和公共管理学的重要研究对象。研究者从不同角度对动员的类别进行了划分：有的从体制角度将动员分为体制内动员和体制外动员；有的从组织化程度将动员分为组织化动员和社会化动员；有的从动员的紧急性程度将动员分为常规动员和危机动员；还有的从国家和社会关系角度将动员分为国家动员和社会动员，国家动员包括组织化动员和政策动员。当然，我们也可以从不同的角度对社区志愿者进行划分。然而，基于我国社区志愿活动的实践，本节主要介绍社区志愿者组织化动员和政策动员。

（一）社区志愿者组织化动员

所谓组织化动员，是指动员者凭借自身的组织优势，通过宣传教育、奖励刺激和组织压力等方式发动组织成员参与某种活动（如社区志愿活动）的过程。组织化动员的特征至少有两个：一是动员者和动员对象之间存在组织内部的隶属关系，后者在工资收入、发展机会、荣誉地位等方面受制于前者。因此，在组织化动员过程中，动员对象会感受到一定的组织压力。二是组织化程度越高，组织化动员的效果就越好。在我国，体制内动员属于典型的组织化动员。体制内单位的组织化程度越高，体制内动员的效果也就越好。无论是常规的爱国卫生运动、义务植树活动，还是非常规的抗震救灾、抗洪抢险活动，都展现了体制内动员的良好效果。

组织化动员产生效果的机制也有两个：一是压力机制。组织化动员通过宣传教育在组织内部形成压力性氛围，同时将福利、晋升等稀缺资源与志愿活动绑定，促使动员对象做出服从动员的理性选择。二是认同机制。组织化动员对动员对象既有外在压力的影响，也有内在认同的驱动。在与组织机构长期互动的过程中，动员对象对组织机构的宣传和号召也会产生不同程度的政治认同、价值认同和情感认同。

上述分析同样适用于社区志愿者组织化动员，当然，社区志愿者动员也有自己的特点。从动员主体看，社区志愿者动员包括社区党委动员和驻区单位动员，前者是指社区党委在社区范围内动员社区居民，特别是社区党员参与志愿服务，后者是指驻区单位动员本单位职工深入社区参加志愿服务。从动员对象看，社区党委直接动员了辖区全体党员，当然不是所有的党员都能参加志愿服务；社区居民响应党委的号召参加志愿服务，一般由社会工作机构调配；驻区单位动员的志愿者多是党员或公务员，如疫情防控期间，党员和公务员到社区报到参加抗疫。从动员效果来看，党员和公务员的响应最为积极。定量研究表明，党员身份对志愿服务参与时长具有显著的正向促进作用，体制内公民的志愿服务参与时长比体制外公民的长，而且党员身份和工作单位性质能对公民志愿服务参与时长具有正向促进作用。

（二）社区志愿者政策动员

组织化动员是依赖国家强力的动员方式。国家力量的使用方式和运用程度，以及国家强力与志愿服务的内在矛盾是组织化动员方式必须面对的问题。另外，组织化动员是针对特定身份或特定群体的动员方式，不太适用于对普通公民的动员。因此，除了组织化动员，志愿服务动员还需要采取面向普通民众的制度化的动员方式，即政策动员。所谓政策动员，是指国家通过立法、制定政策等制度化手段，营造良好的志愿服务环境，鼓励公民积极参与志愿服务，促进志愿服务可持续发展的一种动员方式。政策动员方式具有如下特点：一是政策动员主体是国家或制定政策的部门。组织化动员的主体也是国家，但是此动员方式常常是国家动员单位，再由单位动员职工,且常常以非公开或半公开的方式进行;而政策动员是国家通过立法或制定政策,面向全社会公开动员。二是与组织化动员直接提供资源、提出具体要求并将志愿服务与激励挂钩的做法相比,政策动员的手段以塑造良好的志愿服务环境为主,体现了更强的间接性。间接的动员手段反而有利于志愿服务的普及。实证研究发现,政策动员不仅能明确各个主体的权利义务关系,还能唤醒公民的志愿服务意识,从而有利于动员公民参与更多的志愿服务。三是政策动员的效果更具可持续性。因为动员手段更具间接性,缺少强制性,所以政策动员下志愿者的行为更多出自对利他理念的内在认同,从而使志愿行为具有更强的持续性。正如有学者研究指出,国家的政策支持是中国志愿服务可持续发展的关键。

政策动员和组织化动员同样在促进志愿服务发展、完善基层治理中发挥了重要作用。2017 年,国务院颁布《志愿服务条例》后,我国志愿服务稳步发展。根据《2017 年社会服务发展统计公报》,2017 年,全年共有 1 716.4 万人次在社会服务领域提供了 5 395.6 万小时的志愿服务。根据《2021 年民政事业发展统计公报》,2021 年,全年共有 2 227.4 万人次在民政领域提供了 6 507.4 万小时的志愿服务。2021 年,《中华人民共和国国民经济和社会发展第十四个五年规划和 2035 年远景目标纲要》提出:“发挥群团组织和社会组织在社会治理中的作用,畅通和规范市场主体、新社会阶层、社会工作者和志愿者等参与社会治理的途径,全面激发基层社会治理活力。”随后,《中共中央 国务院关于加强基层治理体系和治理能力现代化建设的意见》指出:“完善社会力量参与基层治理激励政策,创新社区与社会组织、社会工作者、社区志愿者、社会慈善资源的联动机制,支持建立乡镇(街道)购买社会工作服务机制和设立社区基金会等协作载体,吸纳社会力量参加基层应急救援。完善基层志愿服务制度,大力开展邻里互助服务和互动交流活动,更好满足群众需求。”各地根据中央文件精神,壮大志愿者队伍,搭建志愿服务平台,健全志愿服务体系,涌现出了新时代“枫桥经验”等一批典型案例,展示了志愿服务在基层治理中的重要作用。另外,志愿服务在生态环保、脱贫攻坚、乡村振兴等领域也日趋活跃，成为传播新思想、弘扬新风尚、提高广大群众思想道德素质的有效途径。

（三）志愿者动员方式的运用

组织化动员和政策动员在社区志愿服务中都能发挥重要作用，但是两种动员方式具有不同的特点，在具体的运用情境中存在差异。一般而言，在公共危机事件中，组织化动员更能体现效率高、见效快的优势；常规动员中的政策动员则更能发挥制度化和可持续的作用。在公共危机处置过程中，组织化动员是更主要的手段，政策动员是辅助力量，这既是因为动员主体的路径依赖，也是因为动员客体的现实限制。在应对公共危机过程中，政策动员虽然是辅助力量，但是也能发挥非常重要的作用，这一点在新冠疫情防控中表现得尤为明显。为了阻断疫情蔓延，必须降低社会流动性。因此，政府通过制定兼具强制性和激励性的政策、采取舆论管理和舆论引导等政策动员方式，一方面要求普通民众非必要不外出，另一方面动员志愿者参与社区疫情防控，取得了良好的政策动员效能。

组织化动员和政策动员的运用也不是无限度的，若运用不当，效果就会大打折扣，甚至会导致动员失败。实证研究表明，利用制度化的政策对党员和体制内人员开展宣传动员时，个人志愿服务参与的积极性并没有得到显著提升。因为党员和体制内公民已习惯于组织化动员，其内在的志愿服务动机对政策动员已没有多少敏感性。这一方面说明政策动员对党员和体制内公民的效果差强人意，另一方面表明党员和体制内公民的志愿服务行为只是对组织化动员的被动反应，而不是出自积极主动的志愿服务意愿。自愿性是志愿服务的鲜明特征，也是志愿服务行为的内在动力和持续性的保证。因此，无论是组织化动员还是政策动员，都应该以自愿性为底线，尽可能使用间接和激励的手段引导和鼓励公民参与志愿服务，将行政强力用于志愿服务制度构建和志愿服务环境塑造上。动员方式的运用还要注意动员的力度和场域。动员的力度过大或者动员严重影响公民的生活，就容易引起公民的心理反弹，从而影响动员的效果。

案例三:深圳市大鹏新区下沙社区的“一呼百应”志愿者动员机制

居民响应冷淡、服务不可持续一直是社区志愿服务体系建设的难题,那么,下沙社区该如何建立“一呼百应”志愿者动员机制呢?

首先是深刻认识群众工作的变化。当前,群众工作的两个主体都发生了变化:一是群众基础发生了变化。代际更迭,新一代群众对党的认同已从过去单纯的感情认同转变为制度认同和利益认同,价值观念多元、利益诉求多样,特别是互联网为群众提供了新的诉求渠道,群众拥有前所未有的话语权。二是党的自身队伍发生了变化。过去党的干部与群众同吃同住同劳动,不需要制度安排和载体平台,但现在党员干部的个体价值观、生活方式、工作方式已经发生了很大变化,有的党员干部开始脱离群众、不敢与群众打交道,这正是全面从严治党需要解决的问题。

其次是对群众有求必应。社区党委以筹建社区党群服务中心为契机,认真分析了社区居民的家庭结构、人口结构、年龄结构。社区党委书记带领社区党员志愿者队伍走访每一户家庭,逐一了解居民的需求,听取居民对党群服务中心各项功能设置的建议。同时邀请社区居民,特别是外来暂住居民来党群服务中心参加活动,为中心建设献一份心、尽一份力。按照辖区居民的意愿,党群服务中心建设了能够看电影、听讲座、唱卡拉OK的多功能播放厅、图书室、健身室、棋牌室、舞蹈排练室、四点半课堂等公共服务场地。新建成的党群服务中心吸引了辖区居民来此聚集,也为各志愿者队伍建设搭建了平台。

最后是做到党委号召一呼百应。经过多年的努力,社区党委先后建立起对群众“有求必应”的工作机制,对社区居民“一呼百应”的党建引领志愿服务机制,让群众当评委、社区党委集体赶考的“民生导向”评价机制,形成了党建引领下的人人有责、人人尽责、人人享有的基层社会治理共同体。现在的下沙社区,民风淳朴,路不拾遗,一半以上居民都能积极参与志愿服务。近些年,下沙社区先后获评省五星级宜居社区、省家庭文明建设示范点、市先进基层党组织、市计划生育协会先进单位、市垃圾分类示范社区,成为大鹏新区的明星社区。

二、社区志愿者管理

经过多年的发展，志愿服务已经成为中国特色社会主义事业的重要组成部分，成为服务民生保障、参与社会治理、促进中国式现代化的重要力量。然而，志愿服务项目化、专业化、常态化水平还有待提升，志愿服务组织的规范化和执行力需要增强，志愿服务需求和供给也需要精准对接，志愿服务资源的协调配置有待进一步优化。这些问题的解决在很大程度上依赖志愿服务管理体制的完善和管理内容的丰富。

（一）管理体制

我国志愿服务管理体制是在改革开放的过程中逐步形成和发展的。在计划经济时代，我国没有志愿服务这一概念，但是“学雷锋、做好事”是全社会普遍接受的观念。改革开放后，学雷锋活动演变为社区志愿服务，如北京的“综合包户”志愿服务和天津的社区互助志愿服务队。志愿服务发端于北方、发展于南方。1990 年 6 月，全国第一个正式登记的志愿服务组织——深圳市青少年义务社会工作者联合会在深圳成立，1995 年该组织更名为深圳市义工联合会(以下简称“深圳义工联”)，主要开展助学、助老、助残等弱势群体服务。深圳义工联的成立标志着志愿服务开始组织化，同时也孕育了志愿服务管理体制。深圳义工联在管理上的一个显著特点是建立志愿者五星激励制度。不同星级的志愿者可以参评不同类型的奖励，包括百优义工奖、鹏城青年功勋奖、义工服务市长奖等，后来激励范围扩大到积分入户、积分入学等方面。

继深圳义工联之后，全国第一个省级志愿服务组织——北京志愿者协会于 1993 年 12 月成立，第一个全国性志愿服务组织——中国青年志愿者协会于 1994 年 12 月成立。这些早期志愿服务组织的业务主管单位都是共青团领导机关，预示着共青团组织将在志愿服务管理中发挥主导作用。中国青年志愿者协会成立后,各省纷纷成立青年志愿者协会,北京、天津、吉林、山东还组建了一些行业性、专业性的青年志愿者组织。同时,各地青年志愿者协会设立了各具特色的青年志愿者服务站、组建了各种青年志愿者服务队,从而形成了全国性的青年志愿服务组织体系和服务体系。1996 年,共青团中央成立青年志愿者行动指导中心,负责规划、协调、指导全国青年志愿服务工作,承担中国青年志愿者协会秘书处的职能。青年志愿者协会的管理职能还得到了立法的认可。1999 年,全国第一部志愿服务地方性法规《广东省青年志愿服务条例》(现已失效)颁布,规定:“青年志愿者协会负责所在区域内青年志愿服务活动的规划、管理、组织、协调、指导工作。”后来不少地方志愿服务条例也做了类似规定。

在全国青年志愿服务蓬勃发展的同时,社区志愿服务也方兴未艾。天津是社区志愿服务的发源地,也是全国第一个成立街道社区服务志愿者协会的城市。天津的经验得到了民政部的肯定,并得以在全国推广。2005 年 3 月,在民政部的支持下,中国社会工作学会社区志愿者工作委员会成立。该委员会的主要任务是整合社区志愿者资源、规范社区志愿者行为、加强社区志愿者管理、维护社区志愿者权益、发挥社区志愿者作用。除了青年志愿者和社区志愿者,在迎接北京奥运会的过程中,涌现了各种类型的志愿者,如党员志愿者、职工志愿者、巾帼志愿者、老年志愿者、文化志愿者、学生志愿者等。一时间,志愿服务的统筹、组织、协调、指导等管理问题凸显。为加强对全国志愿服务活动的组织协调,2008 年 10 月,中央精神文明建设指导委员会下发《关于深入开展志愿服务活动的意见》,提出:“要在中央文明委领导下,成立由中央文明办牵头,民政部、全国总工会、共青团中央、全国妇联、中国科协、中国残联、中国红十字总会和全国老龄办共同参加的全国志愿服务活动协调小组,负责全国志愿服务活动的总体规划和协调指导,督促检查各地各部门开展志愿服务活动的情况,总结推广先进经验。”

中央文明委领导下的多部门协调的管理体制在《志愿服务条例》中得以延续。《志愿服务条例》规定:“国家和地方精神文明建设指导机构建立志愿服务工作协调机制，加强对志愿服务工作的统筹规划、协调指导、督促检查和经验推广。国务院民政部门负责全国志愿服务行政管理工作；县级以上地方人民政府民政部门负责本行政区域内志愿服务行政管理工作。”自此，党委领导、政府主导的志愿服务管理体制在法律上得以确立，终结了长期以来关于志愿服务管理主导权的争论。该管理体制包括以中央文明委为牵头单位的志愿服务工作协调机制、民政部门负责志愿服务行政管理、有关部门按照各自职责负责与志愿服务相关的工作、工青妇等人民团体在各自的工作范围内做好相应的志愿服务工作。

（二）管理内容

1. 志愿者招募

志愿者招募是把人们切实组织动员起来，完成所确定的志愿服务任务的重要环节。谁可以招募志愿者呢？根据《志愿服务条例》，志愿服务组织可以招募志愿者开展志愿服务活动。《关于深入开展志愿服务活动的意见》也规定：“依法登记或备案的志愿者组织，要根据志愿服务的需要，及时发布招募信息，明确志愿服务所需的条件和要求，组织开展经常性招募和应急性招募，不断壮大志愿者队伍。”此外，基层群众性自治组织、公益活动举办单位和公共服务机构开展公益活动，需要志愿者提供志愿服务的，可以与志愿服务组织合作，由志愿服务组织招募志愿者，也可以自行招募志愿者。社区志愿者招募一般有三种途径：一是开展社区活动时，在活动现场公布招募志愿者信息，接受志愿者报名；二是社会工作者和网格员入户探访时，可以动员居民参加志愿服务；三是在社区党群服务中心设立常年招募点，接受居民的咨询和申请。

2. 志愿者注册

国家全面推行志愿者注册制度，建立和完善了志愿者注册管理系统，并实现了互联互通、信息共享，把志愿服务资源有效整合起来，引导志愿者长期参加志愿服务活动。《志愿服务条例》规定：“志愿者可以将其身份信息、服务技能、服务时间、联系方式等个人基本信息，通过国务院民政部门指定的志愿服务信息系统自行注册，也可以通过志愿服务组织进行注册。"考虑到《志愿服务条例》实施前已有不同的志愿服务信息系统，以及个别地区互联网普及程度不高的现实，《志愿服务记录与证明出具办法（试行）》规定："其他志愿服务信息系统或者纸质载体等形式记录的志愿者个人基本信息、志愿服务情况等信息，志愿服务组织应当按照统一的信息数据标准录入国务院民政部门指定的志愿服务信息系统，实现数据互联互通。"需要说明的是，志愿者注册不是法律的强制性要求，只是出具志愿服务记录证明必须以注册为前提。另外，注册可以是志愿者自行注册，也可以通过志愿服务组织进行注册，但是志愿服务记录证明须由志愿服务组织和依法开展志愿服务活动的其他组织开具。

3. 志愿者培训

做好志愿者培训工作是提升志愿者素质和志愿服务水平的重要举措。志愿者培训的责任主体是志愿服务组织或招募志愿者的相关单位。培训的内容主要有：一是志愿服务法规政策培训。通过培训让志愿者了解志愿服务的立法理念和一般规定，熟悉志愿服务项目的政策背景和服务要求，强化志愿者的服务理念和服务意识。二是志愿服务技能培训。志愿服务活动需要专门知识和技能的，志愿服务组织应当提前对志愿者开展相关培训。开展专业志愿服务活动，应当执行国家或者行业组织制定的标准和规程。法律、行政法规对开展志愿服务活动有职业资格要求的，志愿者应当依法取得相应的资格。三是风险管理培训。通过培训让志愿者了解在志愿服务过程中可能面临的风险和应对风险的预案，提升志愿者的风险意识和抗风险能力。在志愿者培训过程中，还要重视志愿者骨干的培养，使他们成为志愿服务的中坚力量；要跟踪掌握志愿者接受培训、参加服务的情况，合理安排服务时间和服务任务，实现志愿者、服务对象和活动项目的有效衔接。

4. 志愿者使用

志愿者使用是指相关组织安排志愿者开展志愿服务的过程。《中国注册志愿者管理办法》第十二条规定:“团组织、志愿者组织根据服务对象的需求,向注册志愿者发布服务信息、提供服务岗位,志愿者按照相关要求开展志愿服务。注册志愿者也可按照相关规定自行开展志愿服务。提倡具有相同服务意向和志趣爱好的注册志愿者在团组织、志愿者组织指导下结成志愿服务团队开展服务。注册志愿者参加志愿服务,应通过与志愿者组织或服务对象签订服务协议书等形式,明确服务内容、时间和有关的权利、义务。未满十八周岁的注册志愿者可参加与其年龄、智力相适应的志愿服务;未满十八周岁的在校学生注册后,按所在学校有关规定参与相关志愿服务。”根据《志愿服务记录与证明出具办法》第二条,志愿服务完成后,志愿服务组织和依法开展志愿服务活动的其他组织通过志愿服务信息系统或者纸质载体等形式,记录志愿者参与志愿服务活动的有关信息,并依据这些信息,开具志愿服务记录证明。

5. 风险管理

风险管理贯穿志愿服务的各个环节。在志愿者招募环节,招募单位应当说明与志愿服务有关的真实、准确、完整的信息,以及在志愿服务过程中可能发生的风险。在申请服务环节,申请志愿服务的组织或者个人应提供与志愿服务有关的真实、准确、完整的信息,说明在志愿服务过程中可能发生的风险。志愿者、志愿服务组织、志愿服务对象可以根据需要签订协议,明确当事人的权利和义务,约定志愿服务的内容、方式、时间、地点、工作条件和安全保障措施等。在服务提供环节,志愿服务组织应当安排与志愿者的年龄、知识、技能和身体状况相适应的志愿服务,不得要求志愿者提供超出其能力的志愿服务。志愿服务组织应当为志愿者参与志愿服务活动提供必要条件,解决志愿者在志愿服务过程中遇到的困难,必要时应当为志愿者购买人身意外伤害保险。另外,志愿者和志愿服务对象的人格尊严应当得到尊重,其个人隐私信息未经本人同意不得公开。

6. 志愿者激励

长期以来,民政系统和共青团系统已经形成了较为成熟的志愿者激励制度，其中许多措施被《志愿服务条例》吸收和确认。根据《志愿服务条例》，志愿服务促进措施主要有："对在志愿服务事业发展中做出突出贡献的志愿者、志愿服务组织，由县级以上人民政府或者有关部门按照法律、法规和国家有关规定予以表彰、奖励。国家鼓励企业和其他组织在同等条件下优先招用有良好志愿服务记录的志愿者。公务员考录、事业单位招聘可以将志愿服务情况纳入考察内容。县级以上地方人民政府可以根据实际情况采取措施，鼓励公共服务机构等对有良好志愿服务记录的志愿者给予优待。"表彰奖励的依据是志愿者星级认定制度。根据《中国注册志愿者管理办法》："志愿者注册后，参加志愿服务时间累计达到100小时的，认定为'一星志愿者'；志愿者注册后，参加志愿服务时间累计达到300小时的，认定为'二星志愿者'；志愿者注册后，参加志愿服务时间累计达到600小时的，认定为'三星志愿者'；志愿者注册后，参加志愿服务时间累计达到1 000小时的，认定为'四星志愿者'；志愿者注册后，参加志愿服务时间累计达到1 500小时的，认定为'五星志愿者'。"除了上述法定的激励措施，许多地方还探索了"积分制"激励，受到了社区居民的欢迎。志愿者以服务时间换取相应积分，并在固定时间到"爱心超市"用每月或每个季度的服务总分换取日常用品。"爱心超市"由社区党委协调的辖区企业赞助。或者，志愿者获得积分后，在社区商家消费到一定数额即可获得折扣，这既为商家开拓了客源，也让消费者得到了实惠。

第三节　社区志愿者有效参与基层社会治理的方法和路径

"五社联动"是基层治理的基本模式，社区志愿者是"五社联动"的重要一环，其有效参与基层治理的方法和路径取决于"五社"如何"联"、怎么"动"。本节从社区"两委"、党群服务中心、社会组织、社会工作者和"互联网+志愿服务"等方面阐述社区志愿者有效参与社会治理的方法和路径。

一、社区"两委"是社区志愿者有效参与基层社会治理的关键

社区是我国基层政权建设的重要载体。在过去很长一段时间里，社区治理由民政部门主管和主导。2017年，党的十九大通过的《中国共产党章程(修正案)》规定："街道、乡、镇党的基层委员会和村、社区党组织，领导本地区的工作和基层社会治理，支持和保证行政组织、经济组织和群众自治组织充分行使职权。"这意味着社区治理由"民政主导"转向"党建引领"。2019年中共中央办公厅印发的《关于加强和改进城市基层党的建设工作的意见》规定："全面推行社区党组织书记通过法定程序担任社区居委会主任、'两委'班子成员交叉任职。"自此，社区"两委"一体化，成为社区治理的领导力量，从而也是影响社区志愿者有效参与基层治理的关键因素。

第一，社区党委是基层治理的领导核心和战斗堡垒。党的十八大以后，党中央提出"四个全面"战略布局，其中最引人注目的是全面从严治党。在全面从严治党战略的引领下，城乡基层党组织覆盖面进一步扩大，各领域党建工作日趋融合，财政支持力度持续加大，推动发展、服务群众的成效更加明显，城乡基层党建工作得到创新发展，彻底改变了基层党组织软弱涣散、政治功能不强、领导作用发挥不充分的局面。基层党建工作显著提升了基层党组织的领导力、凝聚力和战斗力。基层党组织已经成为宣传党的主张、贯彻党的决定、领导基层治理、团结动员群众、推动改革发展的坚强战斗堡垒。

第二，社区居委会是基层群众自治的载体和主体。基层群众自治制度是中国特色社会主义制度的重要内容，社区居委会是基层群众自治活动的载体和主体，具有宪法地位。在基层治理体制改革中，少数地方为追求所谓创新，使居委会在社区治理中的主体地位有所弱化。这种情况在加强基层党的建设后得到了纠正，特别是"两委"班子成员交叉任职的举措使居委会

重回了主体地位。居委会不仅是基层治理的主体，还是基层群众自治活动的载体。居民议事会、监事会等居民自治活动要在居委会框架内进行，社区志愿服务、业委会和物业管理活动也需要党建引领和居委会协调，从而形成共建共治共享的社区治理共同体。

第三，社区"两委"是社区志愿服务的有力支持者。随着社会治理的重心下沉，党委和政府加强了对社区工作的支持和资源保障，确保社区"两委"有资源、有能力为群众服务。社区志愿者若要有效参与基层治理，就必须得到社区"两委"的大力支持。这些支持包括：一是合法性支持。共产党是我国的执政党，在居民心中享有崇高的威望。居委会在多年的实践中满足居民服务需求、反映居民利益诉求，与居民建立了深厚的感情。在社区中举办任何活动，如果没有"两委"的支持，志愿服务的合法性将大打折扣。二是资金和场地支持。志愿服务是社区治理的重要内容，志愿者也是社区"两委"的得力助手，因此，志愿活动应当得到社区的资金和场地支持。总之，社区"两委"有职、有权、有资源，对社区志愿服务能够发挥统筹、协调、支持和指导等作用。

二、党群服务中心是社区志愿者有效参与基层社会治理的重要平台

《关于加强和改进城市基层党的建设工作的意见》要求建设覆盖广泛、集约高效的党群服务中心。党群服务中心通过加强规范化建设、配备专职工作人员、完善工作保障和运行机制，已经成为党领导城市治理的坚强阵地和服务党员群众的温馨家园。党群服务中心为社区志愿者参与基层社会治理提供了重要平台。

第一，党群服务中心是党在基层的执政平台。关于党群服务中心的性质，有学者认为，社区党群服务中心是一个政社跨部门组织。这种观点似乎未触及党群服务中心的实质，而且将其视为政社跨部门组织未必合适。党群服务中心本身不是一种组织类型，其中，党委基于党的领导地位具有执政属性；居委会在法律属性上属于特别法人（不是社会组织），在政治属

性上属于居民自治组织，具有国家政权属性。可以认为，社区党群服务中心是党在基层的执政平台，当然这一平台的服务功能包括志愿服务。这就意味着，社区志愿服务是在党的领导下，居民参与社区治理的一种方式和体现。

第二，党群服务中心是政府的民生服务平台。党群服务中心除了前述的政治属性，还有服务属性，否则叫服务中心就名不副实。各地社区党群服务中心的服务项目和服务内容可能不尽相同，但是提供教育、医疗、就业等基本公共服务是其主要服务功能。在发达地区，社区党群服务中心通过引入社会工作等专业化的社会力量来拓展基本公共服务的广度和深度。例如，深圳市社区党群服务中心的社会工作者就采取了“基础常规服务＋特色公共服务＋外部合作项目”的服务模式。基础常规服务是社会工作服务的基本盘，每个中心按统一要求完成；特色公共服务体现了社会工作服务的创新性和独特性；外部合作项目体现了服务团队的资源链接能力。志愿者都可以参与这些服务项目，有的服务项目甚至明确要求志愿者参与，这为社区志愿服务提供了广阔的发展空间。

第三，党群服务中心是社区的资源整合平台。如前所述，党群服务中心本身不是一种组织类型，而是社区党委领导下的综合性枢纽平台。从内部架构来看，党群服务中心拥有社区管理团队、公共服务团队和专业服务团队。从服务内容来看，党群服务中心可以提供基本公共服务，健康、养老和社会工作等专业服务，以及各种志愿服务。从参与主体来看，党群服务中心整合了社区党委、社区工作站和社区居委会等官方性质的组织，同时也吸纳了业委会、社区老年人协会、社区基金（会）、社区志愿者和驻区单位的参与。综上所述，社区党群服务中心汇聚和整合了政府、企业和社会等多方资源，为社区治理注入了源头活水。

三、社会组织是社区志愿者有效参与基层社会治理的重要载体

社会组织是“社会”之所以成为“社会”的一个重要表征，是社区居民寻

找情感归属、确立身份认同、扩展社会资本的重要载体,组织化已成为城市社会的基本特征。志愿服务是现代社会人们生活方式的重要内容,并呈现出专业化和项目化的趋势,这就要求志愿服务最好以组织化的形式提供,从而使社会组织在志愿服务中能够发挥重要作用。

第一,社会组织帮助社区志愿服务提高规范化和专业化水平。与大型活动中的志愿服务、专业组织开展的志愿服务不同,社区志愿服务的规模一般不大,服务内容多是居民的日常;与传统的邻里帮扶服务也不同,社区志愿服务对规范化和专业化的要求越来越高。社会组织是依法登记的独立法人,一般都有比较完善的治理结构和专业的工作人员。社会组织可以发挥规范性和合法性的优势,与社区志愿者合作开展服务项目,甚至吸引社区志愿者参与内部管理,为社区志愿者提供理论知识和服务技巧培训,提高社区志愿服务的规范化和专业化水平。

第二,社会组织帮助社区志愿服务进行项目化运作。在政府职能转变的背景下,志愿服务的项目化运作越来越普及,而项目化运作的主体一般是志愿服务组织或其他类型的社会组织。在志愿服务项目化运作中,社会组织可以在调研居民服务需求的基础上进行项目策划,包括项目目标、服务方式、项目预算、项目结项等;可以调配专业人员和社区志愿者开展项目实施工作,包括实施方案、服务提供、风险控制等;可以组织专业人员和社区居民开展项目评估工作,包括服务质量、居民满意度、预算执行情况等。

第三,社会组织提高社区志愿服务的可持续性和影响力。碎片化和不可持续性一直是志愿服务发展面临的现实问题。有学者通过研究大学生支教项目,发现志愿者参与志愿活动的持续性受其所处的社会网络、志愿者角色的自我认同和团体语境中的激励制度等因素的影响,而志愿项目的持续性受资金支持、联络难度、投入需求等因素的影响。社会组织在构建社会网络、强化自我认同、提供激励和资金支持等方面具有一定的优势,因此,社会组织与社区志愿者合作可以提高社区志愿服务的可持续性。另外,社会组织可以通过提供社区服务、表达居民诉求、关爱弱势群体、倡导公共精神来提高居民的认同感和归属感，激发居民的志愿服务热情，扩大志愿服务的影响力。

四、社会工作者是社区志愿者有效参与基层社会治理的专业支撑

社区志愿者与社会工作者合作参与社区治理是由志愿服务的自愿性和业余性决定的。志愿者个体当然可以自行提供志愿服务、参与社区治理，但是其服务的有效性和规范性稍显不足。2007 年，《中共深圳市委、深圳市人民政府关于加强社会工作人才队伍建设推进社会工作发展的意见》提出："推行'社工＋义工'模式，充分发挥社工在组建团队、规范服务、拓展项目、培训策划等方面的专业优势，形成'社工引领义工服务、义工协助社工服务'的模式，建立社工、义工联动发展的机制。"2011 年，中央组织部、中央政法委、民政部等 18 个部门和组织联合发布的《关于加强社会工作专业人才队伍建设的意见》也提出，建立"社会工作专业人才和志愿者队伍联动服务机制"。在实践中，志愿者和社会工作者合作的领域非常广泛，包括日常服务、专业服务、大型服务、应急服务和倡导服务等。志愿者和社会工作者合作的形式也多种多样：一方面，社会工作机构为志愿组织规范管理提供专业人员、为志愿服务项目策划提供专业技巧、为志愿人员培训辅导提供专业知识、为志愿服务理论创新提供专业途径；另一方面，志愿者支持社会工作机构建设、参与社会工作服务项目、传播社会工作文化理念、扩大社会工作交往网络。

如何建立社会工作者和志愿者联动机制，换言之，两者的联动如何落地？不妨先看一下广州市"社工＋慈善"的案例(案例四)。从案例四可以发现，志愿者和社会工作者合作不是单纯的双方合作，而是要融入"五社联动"的框架。首先，联动的主体要有联动的意愿并就联动的目标达成共识。相对而言，这一点比较容易做到。其次，要搭建联动的平台，这个平台可以是虚拟的，也可以是现实的。从案例四看，虚拟平台(微信小程序)的使用效率

更高。再次,要有持续的资金支持。案例四中,区慈善会和社区基金为“如愿行动”提供全部资金。最后,政府要发挥主导作用,这可能是最重要的。没有政府的协调,小程序的开发、慈善会的支持是很难做到的。另外,慈善活动的规范性和合法性也需要政府的指导和支持。

案例四:广州市从化区开展的“如愿行动”

2019年,广州市民政局发布《广州市实施“社工+慈善”战略工作方案》。2020年4月,广州市从化区民政局牵头搭建“如愿行动”众扶互助微信平台,发挥互联网资源共享、超越时空的优势,将慈善、社会工作者、志愿者、爱心企业等力量汇集在一起,帮助困难群众实现“微心愿”。微信平台由从化区志愿者协会负责日常运作管理,从化区慈善会通过链接社会资源为“如愿行动”提供资金支持。困难群众可在平台发布心愿,社会工作者和志愿者收到心愿后去实地走访,调查并核实情况,确认无误后在平台上公布。企业或爱心组织可在平台上认领心愿,志愿者一对一跟进心愿的实现过程,确保流程公开透明。捐赠人还可在留言区与心愿人互动,让善意得到回馈。为了进一步服务困难群众,“如愿行动”又启动了“幸福+”计划,依托镇街、村级社工站,整合慈善、社会工作者、志愿服务资源,为困难群众提供多元化、精准化服务。2021年1月,“幸福+”计划首期推出“幸福食堂”“幸福童享”“幸福衣坊”“幸福学堂”“幸福义诊”“幸福义剪”六大主题项目,围绕困难群众在吃饭、儿童服务、洗衣、学习、就诊、理发等生活方面遇到的实际困难,持续性开展关爱帮扶活动。【本案例改写自夏学娟.广州从化:探路“慈善+社工+志愿者”融合发展[J].中国社会工作,2021(6):18-19.】

五、“互联网+志愿服务”是社区志愿者有效参与基层社会治理的创新路径

在互联网时代,“互联网+”已经成为各行各业进行跨界融合发展的新

形态,“互联网＋志愿服务”也成为新时代志愿服务发展的新模式。2017 年,《民政部办公厅关于推广使用全国志愿服务信息系统的通知》发布,强调全国志愿服务信息系统的建成和应用,是落实中央关于志愿服务制度化和信息化建设有关部署要求的重要举措,是顺应“互联网＋”和大数据发展趋势的客观需要,也是志愿服务事业健康持续深入发展的内在要求。2018 年,民政部印发《“互联网＋社会组织(社会工作、志愿服务)”行动方案(2018—2020 年)》,要求“升级改造全国志愿服务信息系统,组织开展相关地域、领域的志愿服务信息系统指定工作,推动信息系统之间互联互通……搭建志愿者、志愿服务组织和志愿服务对象对接平台,提供实名注册登记、活动搜索报名、人员招募录用、服务时间记录、证明查询打印等全流程、多场景、便捷化服务……会同相关部门、互联网平台加强志愿者褒奖和优待,丰富与完善具体待遇和措施,扩大志愿服务精神、志愿服务活动的网络传播和典型宣传”。

“互联网＋志愿服务”已经受到政府主管部门的重视,但是重视并不意味着充分落实和广泛普及。“互联网＋志愿服务”的普及还有许多工作要做。第一,在中老年这一潜在志愿者群体中普及互联网知识和使用技术,壮大志愿者队伍。有研究表明,使用互联网有利于激发中老年群体的志愿服务参与意愿和参与行为,互联网能够在意识、信息、机会、资源和关系等多个维度上对中老年群体的志愿服务参与起到赋权增能作用。第二,加强“互联网＋志愿服务”基础设施建设,为志愿服务创新发展奠定基础。基础设施包括全国志愿服务信息网、志愿服务供需数据库、项目管理数据库、督导评估与社会资源共享数据库。第三,加强线上线下协作团队建设,优化志愿服务平台的运作流程。“互联网＋志愿服务”运作包括注册、审核、培训、服务、监管、评估与奖惩等多个环节,以及志愿者用户端、服务需求端、管理监督端等模块,这就需要专业团队来运营和管理。第四,加强信息安全监管,为志愿服务创新保驾护航。信息安全是“互联网＋志愿服务”顺利推进的关键一环。加强信息安全立法,将区块链技术运用于志愿服务信息系统,以确保志愿服务信息的安全性、权威性和合法性。

第七章　“五社联动”中的社会慈善资源

第一节　“五社联动”中社会慈善资源的意涵与界定

2020 年新冠疫情暴发，在抗击疫情的过程中，武汉将涌现出的两股新力量——社区志愿者和社区公益慈善资源纳入治理体系，“五社联动”这一概念应运而生。2021 年 4 月，《中共中央 国务院关于加强基层治理体系和治理能力现代化建设的意见》出台，进一步肯定了“五社联动”和以社区基金会为代表的社会慈善资源在社会治理中的重要作用。“五社联动”创新性地加入社会慈善资源要素，为其他四个主体要素提供了资源动力，破除了“三社联动”中缺少资源性要素而导致的“联而不动”的困境。

一、广义的社会慈善资源

在理解“五社联动”中社会慈善资源的角色功能之前，首先需要厘清社会慈善资源的概念意涵。我们可从广义和狭义两个维度来理解社会慈善资源的含义。广义而言，根据《中华人民共和国慈善法》中所涉及的规范议题，慈善资源涉及慈善资源主体、慈善资源相关行为和慈善资源形式等多维内涵。

（一）慈善资源主体

慈善资源主体涉及慈善组织、企事业单位和非慈善组织等其他组织、捐赠人或志愿者等。以慈善组织为例，其是指依法成立、符合《中华人民共和国慈善法》规定，以面向社会开展慈善活动为宗旨的非营利性组织。慈善组织是慈善活动的开展主体，也是发掘和传递慈善资源的重要主体。作为慈善主体之一，慈善组织本身也是一类重要的慈善资源。

（二）慈善资源相关行为

慈善资源相关行为包括了慈善组织的募捐行为，以及自然人或法人组织的慈善捐赠行为。慈善募捐指的是慈善组织基于慈善宗旨募集财产的活动。慈善募捐主要有两种类型：一类是面向社会公众的公开募捐，另一类是面向特定对象的定向募捐。其中，公开募捐需要由取得公开募捐资格的慈善组织开展。公开募捐有多种募捐方式，既包括在公开场合设置募捐箱和举办面向公众的义卖、义拍、慈善晚会等线下募捐方式，也包括通过电视、报刊和互联网等方式发布募捐信息的募捐方式。慈善捐赠是指自然人、法人和其他组织基于慈善目的，自愿、无偿赠与财产的活动。可以对受益人进行直接捐助，也可以通过慈善组织进行间接捐助。不同于慈善募捐，慈善捐赠是捐赠者主动的行为，其行为主体是捐赠者，而慈善募捐是慈善组织为募集财产举办的活动，其行为主体是慈善组织。

（三）慈善资源形式

慈善资源形式涉及资金或实物、志愿服务、慈善信托等多种形式。慈善信托是指委托人基于慈善目的，依法将其财产委托给受托人，由受托人按照委托人意愿,以受托人名义进行管理和处分,并开展慈善活动的行为。慈善信托中的受托人一般为委托人信任的慈善组织或信托公司。在慈善信托中,还经常设置信托检查人对受托人的行为进行监督,以维护委托人和受益人的权益。慈善服务是指慈善组织和其他组织、个人以慈善为目的,向社会和其他个人提供的志愿无偿服务和其他非营利活动。慈善服务的开展者可以是慈善组织或招募的志愿者,也可以是受委托的具有服务专长的其他组织。

二、狭义的社会慈善资源

广义的社会慈善资源意涵涉及慈善资源主体、慈善资源相关行为、慈善资源形式等多方面议题。狭义的社会慈善资源则是指社会公众在自愿基础上,以募集、捐赠、资助等方式进行分配的资源。它既包括善款、善物等有形资源,也包括服务、爱心等无形资源。根据2023年7月杭州市民政局印发的《杭州市城乡社区“五社联动”工作指引》,社会慈善资源是指城乡社区可获得、可支配,用于回应居民需求、提供社区服务、解决社区问题的物质、资金、技术、服务等社会资源,常见形式有社会捐赠、公益慈善项目、社区公益基金会、社区慈善信托和各类面向社区的专项基金等。

第二节　“五社联动”中社会慈善资源的角色功能

当前,多方社会力量参与基层社会治理存在资源和能力不足的问题。作为“五社联动”中的资源型要素,社会慈善资源为联动提供了动力,使以往缺少资金支持、依赖财政的服务体系得以持续运转,为社会服务的有序开展提供了保证。

一、“五社联动”中的资源要素

社会慈善资源在社区层面上的聚集和发展促进了社区治理体系和治理

能力的发展。专业服务的资金来源渠道得以扩展，有效提升了社会服务的质量，降低了政府的支出成本。聚集状态下的社区慈善资源并非一次性的，而是动态发展中的资源重构。在资源重构的过程中，社区社会资本得以扩大，社区资源网络得以构建。此外，在社区层面上的慈善资源通常具有本地相关性，即取之于民用之于民，激活了社区平台自发运转的活力，充分调动了社区工作者、社会工作者、社会组织、社区志愿者的参与积极性，为社区治理的长效运行建立了坚实基础。

近年来，作为社会资源筹募新机制，社区基金(会)在中国各地兴起。作为社会慈善资源的社区基金(会)，属于社会治理创新的重要平台。作为一种社区在地化治理的重要形式，社区基金(会)在基层社会治理中发挥了重要作用，如促进社区融合发展、整合社区资源、壮大社区社会资本、推动社区公益等。社区基金(会)不仅可以联动众多不同的主体，整合社区自身、居民个体和外界资源，还可以动员社区内部力量，聚力支持社区建设，引导社区慈善力量参与基层社会治理，推动形成共建共治共享的社会治理现代化格局。

二、社区发展的社会资本培育者

一般来说，社区基金(会)具有资助和筹款两个功能，在社区中扮演三种主要角色：捐赠人的服务者、中介平台、社区事务的领导者。捐赠人的服务者表明社区基金(会)“以捐赠者为中心”，重视与捐赠者的关系，捐赠者的个人意愿在很大程度上能影响社区基金(会)的捐赠服务。这一角色显然更关注社区基金(会)自身的生存。中介平台是指社区基金(会)在社区居民个人、企业、非营利组织、其他基金会之间发挥中介、联结的作用。当受助者和资助者之间存在信息壁垒时，社区基金(会)能够有效地将双方的信息与诉求进行对接。这时，社区基金(会)本质上充当的是匹配资助者和受助者的资源平台，需要重视资助者和受助者双方关系的维护，以及在这个过程中双方需求信息的传递。社区基金(会)在一定程度上掌握资源分配权，减少了捐赠服务过程中的信息流通和沟通交流成本。作为社区事务的领导者，社区基金(会)更关注社区的变革，期望除了发挥"管理资金"的作用，还要发挥更大的"意见领袖"作用，包括关注社区相关利益主体之间的沟通交流、围绕社区问题发起相关方的对话和协作，以及促进社区更长远、有活力地发展等，在一定程度上填补了政府支持减少之后的缺口。

虽然社区基金会这一概念在全球范围内传播并在不同地区有特殊的发展运作方式，但莫特基金会在年报中将全球所有社区基金会的角色功能总结概括为以下五个方面：一是本地资助者，即从当地的个人、企业、政府、侨民和国外捐助者处筹集并积累资金；二是本地问题回应者，即动员当地的个人和团体提供资源，解决当地的教育、贫困、卫生、社区发展等问题；三是联系建立者，即在不同的个人、群体、部门之间建立联系，尤其是在公众对基金会不信任的情况下；四是社区议题倡导者，即与社区居民、政府等在社区相关议题上发挥领导作用；五是慈善资源管理者，即为当下和未来可能存在的社区问题链接公共资源，并公开透明地分配、管理这些资源。

早期中国本土社区基金会发展数量较少且不充分，关于社区基金会角色功能的研究主要从个案研究和理论研究角度开展。近年来，随着社区基金会在我国的发展数量增多，基于我国本土社区基金会众多实践的研究慢慢涌现。中国的社区基金会主要发挥"直接提供社区服务""从服务购买者和资金提供者角度出发开展社区项目资助"的功能，而"链接社区内需求和社区内外资源"以及"社区赋能"等功能较弱。在中国的实践中，社区基金会主要发挥着"准资源平台"的功能。

第三节 "五社联动"中社区慈善基金的设立与管理

作为社会慈善资源，社区基金属于社会治理创新的重要平台。社区基金是政府财政以外的社会资金，由城乡社区在基金管理平台设专项科目，通过专项基金运营实现发起人的社区利益表达。在实践中，社区基金也被称为“社区微基金”“社区发展基金”“社区发展专项基金”“社区发展公益基金”等。

社区基金与社区基金会在运作方面有很强的相似性，但又是两种不同的社区治理模式。在实践中，部分社区基金会由社区基金发展而来。社区基金被视为资源有限背景下社区基金会的替代性产物。有学者认为如果资金量不大且在初期，更应该设立社区基金而非社区基金会。

一、政策支持

无论是中央还是地方，都为社区基金（会）引入社会治理领域提供了重要政策支持。20 世纪 80 年代后期，社区建设逐渐开始。1993 年，民政部等 14 个部委联合发布了《关于加快发展社区服务业的意见》，明确提出：“各地要建立社区服务发展基金。”2008 年，桃源居公益事业发展基金会发起成立，它的诞生拉开了我国社区基金会发展的序幕。此后，社区基金会在广东、浙江、上海、北京、江苏等地陆续发展。

2014 年中共上海市委“一号课题”成果《关于进一步创新社会治理加强基层建设的意见》明确指出：“在街道、乡镇层面探索设立社区发展基金（会），为社会资金支持社会力量参与社区治理创造条件。”此外，上海市先后制定下发了《上海社区基金会建设指引（试行）》等配套文件，为上海市社区基金会的健康发展提供了制度保证。随后，南京市民政局于 2015 年出台了《关于推动南京市社区型基金（会）发展的实施方案（试行）》，提出至 2015 年年底，南京市将建成不少于 11 家社区型基金会。

2017 年，《中共中央 国务院关于加强和完善城乡社区治理的意见》首次提出社区基金会的概念，明确提出：“不断拓宽城乡社区治理资金筹集渠道，鼓励通过慈善捐赠、设立社区基金会等方式，引导社会资金投向城乡社区治理领域。”同年，中共成都市委办公厅、成都市人民政府办公厅印发《成都市社区发展治理“五大行动”三年计划》，提出：“建立社区发展基金，积极探索政府和社会共同投入、共同协作机制，鼓励引导社会资金和群众自筹资金投入社区发展治理。支持成立社区基金会和发展社区微基金。"2021年浙江省民政厅印发《推进民政事业高质量发展建设共同富裕示范区行动方案(2021—2025年)》，提出"鼓励县(市、区)和有条件的乡镇(街道)设立社区发展基金会"。广州市慈善会从2019年开始推动社区慈善基金设立，截至2022年2月，全市共设立社区慈善基金435个。近年来，广州市的社区慈善基金在盘活社区慈善资源、促进社区资源整合等方面展现出较大活力。

二、设立流程

根据中国慈善联合会于2021年发布的《社区慈善基金运行指南》，社区慈善基金的设立由设立筹备—提出申请—审核批复—签订协议—拨付资金—开设账目等环节组成。总的来说，社区慈善基金的设立流程(见图7-1)可能包括如下环节：

● 社区慈善基金发起方成立筹备；

● 社区慈善基金发起方按照挂靠平台专项基金的发起要求，向挂靠平台提出设立申请，并提交申请资料；

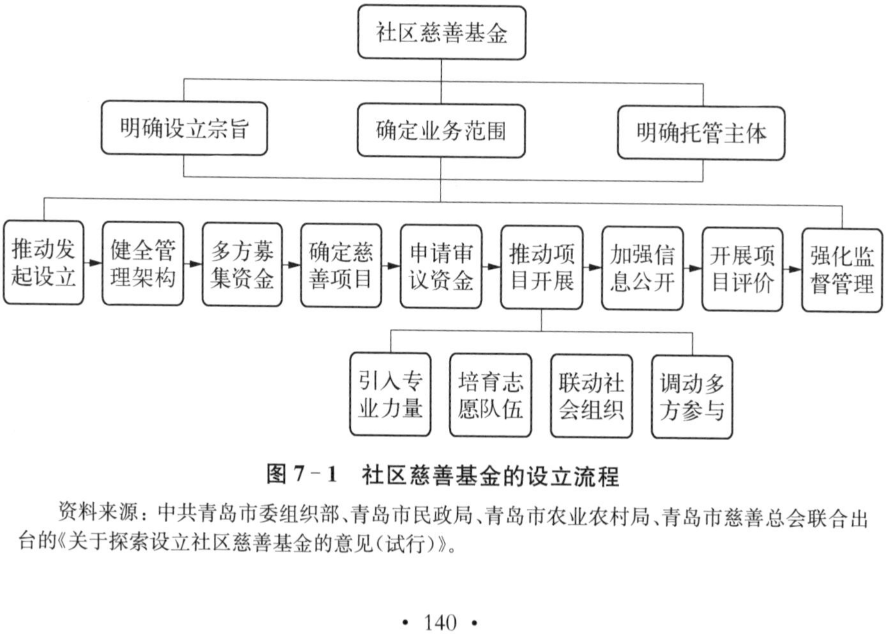

图7-1　社区慈善基金的设立流程

资料来源：中共青岛市委组织部、青岛市民政局、青岛市农业农村局、青岛市慈善总会联合出台的《关于探索设立社区慈善基金的意见(试行)》。

- 挂靠平台审核申请资料；
- 挂靠平台与社区慈善基金发起方签订社区慈善基金合作协议；
- 社区慈善基金发起方将启动资金划入挂靠平台账户；
- 围绕社区慈善基金的设立宗旨与资助范围进行日常运营；
- 挂靠平台做好社区慈善基金运营的信息公开与日常监管。

三、管理办法

社区基金属于基金会或慈善机构的专项基金，《中国社会福利基金会专项基金财务管理办法》已对专项基金的资金来源、资金使用、核算、报销等基础管理程序进行了规定。由于社区基金通常被视为专项基金的一种，被用于社区公益事业，因此各地对社区基金的管理大体遵循了《中国社会福利基金会专项基金财务管理办法》。

中国慈善联合会于2021年发布的《社区慈善基金运行指南》详细给出了社区慈善基金的设立程序、治理架构、使用范围、基金来源、运营管理、终止程序等方面的指导和建议，为规范社区慈善基金的设立与运行管理提供了参考标准。例如，规定管理委员会的人数为单数，由社区慈善基金发起人、社区（村）居民代表、捐赠人、社区企业等构成，负责制定社区基金管理办法、审议日常运营等工作。

（一）挂靠机构

在实际运行中，社区基金往往需要挂靠在社区基金会法人或具有公募资质的慈善机构（组织）下面。挂靠机构与社区基金存在管理、宣传、业务指导和提供募捐支持等多重关系。根据《深圳市社会公益基金会专项基金管理办法》，专项基金是基金会业务的重要组成部分，不具备独立的法人资格，接受基金会的统一管理。基金会履行以下义务：信息公开披露、公众募款支持、项目管理支持、品牌联合传播和其他服务支持。青岛市强调挂靠机构的“托管”权责，一般应由各区（市）或街道（镇）慈善会担任社区慈善基金托管主体，双方签订托管协议，就资金使用范围、基金存续时间和终止条件、管理成本等进行约定。2015年，《民政部关于进一步加强基金会专项基金管理工作的通知》也明确了基金会与下设专项基金的关系，提出基金会对下设专项基金要严格履行监管职责，督促指导专项基金在本基金会的宗旨和业务范围内开展活动，对下设专项基金的所有活动切实承担起主体责任，包括严把设立关口、规范名称使用、全面加强管理、落实信息公开和定期清理整顿。

（二）服务范围

有关社区基金的服务内容，各地管理办法基本与2016年《中华人民共和国慈善法》第三条的公益活动类别大体相同，具体如下：

- 资助和支持改善社区教育、科学、文化、卫生、体育、环保、扶贫、济困、扶老、救孤、助残、恤病、优抚、救灾等方面的慈善项目；
- 资助和培育社区组织的建设和发展；
- 资助和发展社区志愿服务，激发社区参与活力；
- 改善社区公共服务设施，建设幸福社区，促进乡村振兴和社区共建共治共享；
- 开展慈善宣传，传播人人慈善为人人的理念；
- 其他符合《中华人民共和国慈善法》规定的项目。

（三）资金管理

各地对社区基金的资金管理并没有较为统一的标准，在启动资金、管理费和支出比例要求上展现出较大的地区差异。

中共青岛市委组织部、青岛市民政局、青岛市农业农村局、青岛市慈善总会联合出台的《关于探索设立社区慈善基金的意见（试行）》明确要求"社区慈善基金原始资金建议不低于5万元"，对资金使用额度尚未明确要求。长沙市慈善总会负责对社区基金进行无偿管理，实行专账记结，做到专款专用，并定期向社区（村）通报社区基金管理使用情况，以适当的方式向社会公开。广州市慈善会要求社区慈善基金的年度资金支出原则上不低于上年收入的70%；在启动资金方面，社区慈善基金须向广州市慈善会捐赠3万元以上（含本数）人民币作为设立的启动资金。

即使是同一地区，由于挂靠单位不同，社区基金在资金管理上也会存在较大差异。例如，成都市武侯社区发展基金会将下设的社区基金分为微基金和专项基金两个类别，两者最大的区别体现在启动资金和年度收入支出上：专项基金要求启动资金不低于10万元，而微基金要求启动资金不低于3 000元；两者都需要满足每年注入金额不低于启动资金的50%，每年支出不低于上一年收入的50%。《成都市锦江区社会组织发展基金会专项基金管理办法(草案)》则规定：由村(社区)发起设立的专项基金，启动资金原则上不低于2万元人民币，每自然年度注入资金总额原则上不低于1万元人民币；专项基金每年用于公益方面的支出不得低于上年度专项基金总体收入的70%。

(四) 管理委员会

根据《社区慈善基金运行指南》，管理委员会(以下简称“管委会”)是指执行社区慈善基金管理职能的人员所组成的治理小组。各地对于社区基金管委会的人数、构成等标准不一。根据《深圳市社会公益基金会专项基金管理办法》，管委会成员一般有3～5人，由基金会和发起方共同派员组成。而以广州市番禺区慈善会为例，根据《广州市番禺区慈善会社区基金管理办法》，管委会应由不少于5人单数组成，成员应包括但不限于社区慈善基金设立人、所属街道办事处(镇政府)指定联络员、社区(村)居民代表、捐赠人。

2022年，中国社会工作学会与腾讯公益慈善基金会合作实施的“五社联动·家园助力站”项目明确要求将街道(乡镇)社工站的社会工作者纳入社区基金管委会成员中，推动社区基金管委会构成来源多元化。社区慈善基金的运行和管理包括议事提案、决策、执行和监督四个环节，不同环节由其对应的组织架构专门负责。除了管委会，基金成员大会、执行干事/分委会、基金监事(会)也承担了重要的职能。例如，广州市慈善会规定在管委会成员以外的，有影响力、服务能力的居民代表、社会组织代表等当中，产生3名监事成员列席管委会会议，监督管委会和社区慈善基金运行情况。

（五）公开募捐与信息公开

《中华人民共和国慈善法》第二十六条规定："不具有公开募捐资格的组织或者个人基于慈善目的，可以与具有公开募捐资格的慈善组织合作，由该慈善组织开展公开募捐并管理募得款物。"因此，社区慈善基金需要与具有公开募捐资格的慈善组织合作开展公开募捐，募得款物由具有公开募捐资格的慈善组织管理。

社区慈善基金的信息公开内容包括：管委会成员和治理结构、公开募资方案、资金使用情况、审计报告、有关法规规定应予以信息披露的信息和重大事项。除了一般的公开募捐和信息公开要求，如制定详细的募捐方案并在民政部门备案等，社区基金的募捐和信息公开更体现了"社区"这一特点。广州市慈善会要求社区基金管委会在街道（镇）或居（村）设立公示栏，实时公开基金的日常运作、开支、变动等情况。还要及时在社区公布会议纪要、年度报告、年度财务预决算报告等重要信息，并报广州市慈善会备案。除了挂靠机构的项目网站，社区公告栏、居民微信群、社区微信公众号等都是社区基金及时更新信息的渠道。

（六）执行

各地对于社区基金项目的执行主体没有明确规定。广州市社区慈善基金项目可由管委会直接实施或委托社会组织、社区内志愿服务团体等实施。有学者认为目前社区慈善基金的运作较多依托于当地的社工站。青岛市民政局鼓励社区基金充分发挥社会工作专业人才作用，依托社工站，为辖区内的困难弱势群体策划小微项目，开展社会工作专业服务。2022 年苏州市民政局印发《关于推动发展"社区慈善基金"的行动方案（2022—2025 年）》，同样明确了社工站在社区基金中的执行功能，提出："由基层社工站（室）专职社工兼任慈善'访问员'，负责搜集社区慈善需求、策划社区慈善项目、整合社区慈善资源等工作。"

2021 年，《中共中央 国务院关于加强基层治理体系和治理能力现代化建设的意见》明确提出"创新社区与社会组织、社会工作者、社区志愿者、社会慈善资源的联动机制，支持建立乡镇（街道）购买社会工作服务机制和设立社区基金会等协作载体”。作为社会慈善资源的重要载体之一，社区基金会的设立和管理过程也必定需要这些多元主体的共同参与和助力，以促进基层“末梢”治理创新。

第四节 “五社联动”中社会慈善资源的筹募路径与困境

一、“五社联动”中社会慈善资源的募集平台

社会慈善资源规模庞大且种类丰富，一方面为公益慈善事业提供了充足的资源，另一方面也为基层社区吸纳慈善资源带来了困难。基层缺乏获取慈善信息和慈善资源的渠道，同时也没有被赋予足够的自主性和权力来挖掘和调动资源，这是基层在开展慈善事业的时候所面临的长期困境。社区基金（会）为基层社区获取慈善资源以开展慈善活动提供了平台，让更多的慈善资源流入社区层面，直接为有需求者所用。

（一）社区基金会

社区基金会是利用本地资源，为本地利益相关者提供问题解决方案的公益慈善组织。近年来，社区基金会在我国发展较快，但是由于设立基金会的门槛较高，许多地区在设立基金会时面临困境，因此社区基金会的总体规模尚且较小。据统计，截至 2021 年 7 月 1 日，中国境内总计有 187 家社区基金会，而且主要集中在上海、广东、浙江等沿海发达地区。在这种情况下，一些地区尝试在公募基金会中设立社区基金会，以此来解决基金会设立门槛高、无法自主募集资金的困境。社区基金会的资金规模可大可小，资金使用受专项管理办法规范和公募基金会监管，兼具灵活性、规范性和独立性的特点，是动员社会力量参与社区治理的一个良好选择。

(二)社区基金

社区基金也被称为“社区慈善资金”,指的是以为社区慈善服务提供资金为目的而设立的专项基金,主要用于宣传慈善文化、发布慈善需求、整合慈善资源、支持慈善服务、培育慈善人才,拓宽社会公众参与慈善渠道,引导慈善资金支持和参与基层治理。社区基金一般由慈善组织设立,不具备独立法人资格,由所在慈善组织进行统一管理、独立核算。社区基金的建立可以助力探索建立城乡基层慈善服务体系,拓宽社会公众参与慈善的渠道,引导更多慈善力量共同参与基层治理。社区基金为社区提供渠道,使慈善资源能够汇集到社区层面,为社区治理与社区发展提供资源支持。

与社区基金会不同,社区基金并不具有独立法人资格,而社区基金会是具有独立法人资格的,其设立门槛也比社区基金要高。

(三)慈善会系统

慈善会系统是政府为推动慈善事业而发起的组织形式。慈善会系统已经成为我国规模最大、体系最为健全、覆盖从中央一直到乡镇乃至村社各个层级的庞大网络。慈善会系统在社会治理和第三次分配中都起到了重要作用。各级慈善会广泛分布在各个行政层级中,承担了部分属于政府的社会救助、公共服务和资源筹募等工作。正因为这样的特点,慈善会也成了具有政府背景的社会组织中的典型代表。由此可见,慈善会系统实际上具有“官办”和“社会”两种属性,这就使慈善会一方面能够通过政府行政化的力量推动慈善总会事业的开展,另一方面也能通过各种形式调动社会资源,为慈善事业所用。

二、“五社联动”中社会慈善资源的筹集渠道

由于挂靠在可进行公开募集资质的基金管理平台,社区慈善基金可以进行资金募集。不同于企业基金会、私人基金会或其他类型的基金会,社区慈善基金有着多元化的资金募集渠道,其核心在于动员本地资源。社区慈善基金的劝募主体包括社区居民、社区内企业、单位、社会公众等。只有足够的资金支持,才能将社区慈善基金盘活,从而助力社区发展,推动形成共

建共治共享的社会治理新格局。

在社区慈善基金的启动资金募集方面，其构成体现了社区不同主体的活力、积极性和主体性。启动资金的金额会根据具有公开募捐资格的慈善组织的不同要求、社区的需求与能力等而不同。社区慈善基金的本地属性决定了其募集资金的对象是社区内的不同利益相关方，如社区居民、社区企业、个体经营户、驻区单位等。

在后续慈善资金筹集上，根据四川省慈善联合总会于2023年发布的《社区基金操作手册》①，社区慈善基金的募集来源主要包含以下三类。

（一）资助收入

资助收入包括政府补助社区基金，以及向资助型基金会、枢纽型机构争取支持。

（二）募捐收入

募捐收入主要是指开展定向募捐和网络筹款。定向募捐是指通过向辖区爱心企业、商户、单位、居民等定向募集资金。网络筹款是指通过与具有公开募捐资格的慈善组织合作，设计筹款项目，在互联网公开募捐信息平台进行筹款。

（三）服务收入

社区的服务收入类型多样，可被纳入社区基金的有以下类型：

一是社区空间置换。通过将街道、社区闲置的设施租借给有需要的企业、商家等，将租借的收益捐赠给社区基金。

二是社区大型活动。以社区大型活动的组织实施为载体，吸引社区企业或商家的资金支持。如在社区每年开展的重大节日活动和举办的大型社区公益活动中，可邀请社区爱心企业或商家冠名，并进行公益传播。同时，在活动过程中也可定向邀请参与活动的商家或企业为社区基金注入爱心，并以此为基础，在后期资金使用过程中主动邀请商家或企业代表参与相关

① 该文件为四川省“五社联动·家园助力站”社区基金助推基层社会治理创新合作项目产出的内部文件，暂未公开。

活动的评审和日常走访等工作。

三是产品合作。根据具体产品，与社区周边的超市、银行、酒吧等开展社区基金公益合作，即商家（企业）可以将自有的一部分产品作为社区基金合作产品进行推广，并将推广销售的利润捐赠给社区基金。

四是文娱门票。可与地方体育局、旅游局等单位合作，利用社区公共场地开展大型展览、演唱会、电影放映等文化活动，将活动门票进行公益售卖。扣除活动必需的开支后，将售卖所得的剩余资金捐入社区基金。

五是参访接待。可将社区治理特色做法梳理出经验案例，吸引其他社区参访学习，收取接待费用，并将部分接待费用捐赠给社区基金。

六是小区公共收益的捐赠。可同辖区内的小区开发商/物业/业委会进行商议，动员他们将小区公共收益中的部分收益捐赠给社区基金（可定向捐赠，以便后期用于此小区开展服务活动）。

三、"五社联动"中社会慈善资源的募集困境

社区慈善资金在深入推进社区治理创新方面已经初见成效，主要表现在提升居民自治水平、居民参与公共事务的积极性方面。然而，在社会慈善资源筹集的过程中仍存在着一些问题，如空壳化、资源闲置、利益相关方涉入度低、资金行政化等。具体原因可分为内因和外因。

在内因方面，首先，基层社区因为工作繁杂无法顾及社区慈善资金发展。政府主导下的社区基金具有一定行政色彩，大部分管理重任落到了社区"两委"身上。由于基层的行政性工作较多，社区"两委"无法分出足够的精力运营社区慈善资金并进行善款筹集。再加上筹款这一工作对于社区"两委"来说较为陌生，需具备专业知识，这也直接导致了基层社区无法将社区慈善资金的运营工作放在首位，很难让社区慈善资金真正"活起来"。其次，管委会异质性较大且专业性不足。由于管委会成员由不同背景的人员组成，代表了不同群体的利益观点，可能存在一定冲突。再加上管委会成员多具有非全职性的特征，可能会使他们对社区慈善资金的管理流于表面。

此外，管委会成员对于社区慈善资金运营的专业知识的掌握程度也可能参差不齐，不利于资金的规范和可持续运行。最后，挂靠单位给予的支持有限。以社区基金为例，作为挂靠单位的子基金，社区基金需要依照挂靠单位的规定和流程执行，开设专门的账户。然而在筹集和运营过程中，由于社区基金不是挂靠单位的主业务，可能会使挂靠单位对社区基金的关注度不够。再加上对于社区基金的管理是新的任务，也有可能出现管理制度不统一、不合理的问题，这使社区慈善资金处于一盘散沙的状态。

在外因方面，捐赠主体涉入度较低。企业、商家自身的经营属性和利益导向可能会导致其捐赠意愿较低，最终使捐赠主要以社区劝募为主。社区慈善资金主要服务于辖区内的居民，与企业和商家的关联度较低，募得的资金难以具备持续性。“取之于民，用之于民”是社区慈善资金不同于其他基金的特点，然而也正是这一特点将其活动范围限制在了社区内，导致其知名度不高。由于大部分社区慈善资金仍处于发展初期，辖区内居民对其职能、定位、运作程序等均存在一定的疑虑。再加上居民的自治意识有限，对慈善资金的接纳程度也相对较低。

综上所述，尽管社区慈善资金的运行能够打破社区居委会对政府资源的过度依赖，增强居民自治的活力，但实际运行中仍存在着自身发展受限、资源供给不足和社区主体参与度有限的问题。针对这些问题，政府、企业、居民应当充分发挥自身的作用，形成发展合力；社区慈善资金本身需提升自身运作能力，链接内外部资源，并建立人才培养机制，搭建专业化运营队伍；同时，搭建社区信任网络，培育社区社会组织，传播公益理念，营造公益氛围。

第五节 “五社联动”中社会慈善资源与其他主体联动的路径

联动是指多元主体各司其职、协同配合、资源共享。“五社联动”具体是指在社区党委的领导下,以居民需求满足为目标,以社区为平台,以社会组织为载体,以社会工作者为支持,以社区志愿者为辅助,以社会慈善资源为助推的新型基层治理体制。不论是过往的“三社”,抑或现在的“五社”,都在强调社会治理共同体,这是为了在基层治理中落实“共建共享共治”的理念。

作为一种具有公益性质的力量,社会慈善资源相较制度化资源来说具有更高的自主性、灵活性和增长性,能够为社会协同治理发挥辅助补缺的关键作用。社区慈善资源可以被看作社会慈善力量向社区网络的融入,也可以被细分为社区内部的原生性社会资本和社区外部的发展性社会资本。社区慈善资源的基础是慈善捐赠类的传统性资金、物资资源,此外,还应该将社区内部的资源公益转化(如商品义卖、社区志愿者队伍建设等)为社区慈善资源。也就是说社区慈善资源不仅要聚集现有的,还要发展未来的。

社会慈善资源是一种零散分布的流动资源,需要一个合理化的平台将其汇聚起来为社区所用。当前,社会慈善资源在社区层面的整合平台为社区基金(会)。社区基金会的准入门槛较高,因此社区通常会以社区基金的形式,在社区层面整合慈善资源。如湖北省慈善总会依托具有公开募捐资格的组织,设立了“幸福家园”社区专项基金项目。当然,从实际情况来看,将社区基金作为社会慈善资源的“集合池”这一做法也是可行的,这充分体现出了社会慈善资源的流动性。社区基金赋予慈善资源社区的属性,打破了社会慈善资源不可持续的困境,以项目化运作的方式转变了基层工作者的理念,即由等资源变为筹资源,消除了僵硬治理带来的惯性依赖。

“五社联动”不是在基层治理主体数量上简单进行加法,而是要建立多元主体间融合发展的网络机制,其本质是通过社会工作专业力量嵌入基层社区当中,联动多方主体、整合资源并有效配置,实现社区问题的解决和居民需求的满足。有学者指出“五社联动”本身是一个服务于社区治理的行动框架。如果说联动中的四个主体要素是基本“骨架”,那么社会慈善资源对于这一“骨架”来说就是血肉,即社会慈善资源是联动得以长久运行、实现长效治理的中坚力量。社会慈善资源在联动的框架中想要有效参与并发挥作用，就需要厘清自己的角色定位，同时与其他主体建立“互惠互利”的依存性关系，以实现治理的“共建共享共治”。

一、明确功能定位

社会慈善资源是作为公共服务资源辅助角色被提出并发展的，未来将朝着成为能够独立支持社区治理运作的资源供给渠道继续发展。此外，“五社联动”中的其他主体与社会慈善资源之间也需要明确的功能定位和权责归属。

对于社会慈善资源来说，社区不仅是具有需求、诉求的平台，也是一个资源反哺和孕育的平台。借助社区这一平台，社会慈善资源才得以存在和运作。社会组织需要消耗资源，但同时其作为评估监督的服务管理系统，推动了社会慈善资源的合理使用和高效调用。在联动过程中链接每个环节的社会工作者也有力保障了社会慈善资源在社区层面的正常运行，并为资源的增加共享力量。因此，在“五社联动”层面，社会慈善资源与其他主体既发挥资源供给的功能，也接收着多方的资源反哺，从而实现可持续发展。

二、打造信任品牌

当前，社区通常将目光聚焦于“项目化”的运作形式，以调动各方主体力量，将各自优势资源加以调度整合，促进社会与政府、企业，以及社会内部群团间的协同配合。如广州市番禺区市桥街道就将公益项目化，推动公益微创投的孵化；浙江省瑞安市积极推进了“我为群众办实事”“真爱到家”等特色公益品牌项目，充分联合了多元主体的力量。

在以往项目运转的过程中，基本依靠的是政府购买服务，而社会慈善资源的出现就是为了打破这种困境。作为自发性的资源，社会慈善资源提升了社区资源的支配能力。社会慈善资源的供给过程实际上就是主体联动的过程，从而打造出有质量、有数量、契合本地需求的项目品牌，建立起社区社会信任。有效的项目打造为社区凝聚社会慈善资源提供了长效发展的基础，以专业服务盘活社会慈善资源是治理的方式,也是可持续发展的动力。在这一构建过程中,资源的内部管理与外部参与是实现信任搭建的必然路径。

三、拓展互联网公益平台

在“互联网+”时代,社会慈善资源也应充分利用互联网的大众化、快速化和平民化等特点,积极搭建互联网公益平台,如“99 公益日”等。借助互联网公益平台,社会慈善资源得到了进一步的整合与发展,多元主体联动的框架趋于整合,社会慈善资源得以形成“内部建设+外部链接+环境营造”的运作机制,逐步打造出了社区自身独特的、专属的联动形式。互联网公益平台为社区的需求表达、社会组织的服务监管、社会工作者的多方链接、社区志愿者的队伍建设、社会慈善资源的凝聚整合提供了有效路径。

四、营造公益氛围

在“五社”中,社区是提出服务需求的平台,社会组织是服务提供的重要载体,社会工作者是服务满足的中坚力量,社区志愿者与社会慈善资源则起到助力和保障的作用。当前,虽然社区志愿者和社会慈善资源在大多数情况下仍充当辅助的角色,但不可否认的是,两者已开始在社区治理中发挥出了独特的作用,并正朝着在治理体系中担负起领导责任的方向持续前进。

社会慈善资源参与社区治理的过程就是在营造一种公益的氛围。反之,社会慈善资源如果想要有效参与到治理体系中,就要做好公益氛围的营造。这种营造基础不单要基于本地实际,更要向外扩展并建立起持续活泛的公益圈。具体来讲,社区的社会慈善资源需要激发出社区的内生动能,同时连接起社区的外部网络。社会慈善资源应将社区内部的资源公益化并引入社区外部的公益资源,拓展社区公益慈善的网络体系,保障社区治理资金链的畅通,构建多元化的资源供给机制,在社区内部构建公益网络,搭建邻里支持的平台,在社区外部通过资源整合来塑造社会公众的“主体意识”,重构社区社会资本。

第八章 “五社联动”的典型实践

“五社联动”是中国社会工作者推进社区治理的服务框架，只有借助这一服务框架，中国社会工作者才能放弃西方专业社会工作推崇的“提供—接受”这种“一对一”的人群帮扶逻辑，成为激发居民和社区活力的重要专业力量，融入我国基层社会治理体系和治理能力现代化的社会历史实践中，找到自身专业发展的现实基础和符合本土现实要求的实践模式。就专业实践的目标而言，“五社联动”的社会工作实践模式可以细分为三种常见的类型：一是服务治理型“五社联动”模式，该模式是针对社区生活中的弱势人群而言的，目标是通过“五社联动”将弱势人群的服务与社区治理联系起来，承担服务治理的责任；二是协商治理型“五社联动”模式，该模式是针对社区普通居民来说的，目标是借助“五社联动”将不同的居民联系起来，激发居民参与社区事务的活力，实现社区的协商治理；三是社区慈善哺育型“五社联动”模式，该模式是针对社区慈善资源来说的，目标是通过构建良好的社区慈善资源供给机制，广泛汇聚社区慈善资源，以哺育社区治理服务，提升社区治理服务水平。

第一节 服务治理型"五社联动"典型案例分析

由于弱势人群在社区生活中直接面临的是现实困难，针对这种类型的人群，中国社会工作者需要关注他们在社区生活中的现实困难，从这些现实生活困难出发开展专业服务。与传统的人群帮扶服务模式不同，在"五社联动"服务框架下，中国社会工作者就需要把受助的弱势人群放在他们的现实生活中来考察，结合他们在社区生活中的非正式和正式社会支持网络来规划专业服务。这样，家庭支持、邻里支持、社区支持和社会支持等，就成为社区弱势人群帮扶服务中不可缺少的重要组成部分，"五社联动"也就自然融入社区弱势人群的专业服务中。社区弱势人群帮扶就从传统的社会工作者直接服务弱势人群，转变成通过"五社联动"整合社区的社会支持服务弱势人群。这是一种服务治理型社会工作专业实践模式。

一、社区"家庭病房"五社联动项目的情况介绍

社区"家庭病房"五社联动项目针对的是社区里的失能失智老年人，通过运用个案管理方式将医疗、护理、社会工作和康复等多种专业服务整合起来，重点关注疾病和其他原因导致的生活不能自理，急需多种类型的专业服务而目前又难以获得的居家生活的老年人，为其提供家庭、邻里、社区三个层面的专业服务。在服务过程中，社会工作者与医护工作人员一起入户，针对失能失智老年人在生理、心理和社会等不同层面的需求进行评估，并且结合医护工作人员提供的医疗护理服务和照顾技能，帮助老年人身边的重要照顾者学习照顾技能，掌握情绪放松方法，减轻照顾压力，改善其与失能失智老年人之间的沟通，增强家庭的照顾功能，并在此基础上进一步拓展家庭

的社会支持，建立社区居家养老照护支持网络。社区“家庭病房”五社联动项目中的社区是指整个服务项目依托的社区支持网络，“家庭病房”则是指整个项目以居家长期照顾服务为核心，目的是帮助社区生活中的失能失智老年人应对现实生活中的实际困难。

社区“家庭病房”五社联动项目经验是H老年社会服务中心在M市两个社区通过试点总结提炼出来的。经过多年的不断调整和修正，不仅项目的操作模式日趋成熟，而且项目服务成效明显，获得了政府、社区和居民等多方的肯定。社区“家庭病房”五社联动项目是H老年社会服务中心承接的第一个M市政府购买的社会工作项目。在承接之初，该中心依托M市某养老院组建了一支多专业工作团队，其中包括医生3名、护理员6名、社会工作者3名。根据自身拥有的多专业工作团队特点，H老年社会服务中心对项目落地的2个社区进行了入户问卷调查(600份)和深度访谈(36户)，发现这2个社区是M市改革开放试点的明星社区，不仅居民主动参与社区事务的意识水平较高，社区的志愿服务非常普遍，而且社区居委会工作人员具有较强的开拓精神，愿意首先尝试政府购买服务，创新社区现有的服务方式。在项目的需求评估过程中，H老年社会服务中心了解到这2个社区的流动人口较多，共有不能自理的失能失智老年人36名，尚能自理但存在高风险的老年人有112名，身体健康的老年人有1 800多名。其中，不能自理的失能失智老年人由于长期卧床不起，需要他人的长期照顾。他们目前的主要照顾者包括配偶、子女和保姆等，其中配偶居多，占总照顾者人数的一半，而这些配偶照顾者自身也是老年人，通常还患有慢性疾病，因而他们的家庭照顾压力较大，急需缓解。需要注意的是，社区中这三类老年人的需求各不相同，其中不能自理的失能失智老年人以家庭护理照顾为核心，尚能自理但存在高风险的老年人以疾病预防为重点，身体健康的老年人则以健康保健和社区参与为焦点。

针对社区中这三类老年人的不同需求，H老年社会服务中心设计了社区“家庭病房”五社联动项目，围绕社区中36名不能自理的失能失智老年人规划了“家庭病房”监护网络,针对社区中112名尚能自理但存在高风险的老年人搭建了社区预防网络,针对1 800多名身体健康的老年人则创建了社区互助网络。尽管这三个层级的社区“家庭病房”五社联动项目的服务对象和服务目标各不相同,但是这三个层级是相互关联的:做好尚能自理但存在高风险的老年人的社区预防,能够减少社区老年人不能自理的情况;创建社区互助网络,能让身体健康的老年人服务那些不能自理的失能失智老年人,使他们成为社区“家庭病房”监护网络的一部分。这样,通过社区“家庭病房”的搭建就能够提升整个社区的家庭健康照顾和管理能力,减少社区在老年人服务方面的治理矛盾。

二、社区“家庭病房”五社联动项目的服务目标

社区“家庭病房”五社联动项目的总体目标是提升不能自理的失能失智老年人的社区生活质量及其照顾者的家庭照顾能力,加强社区尚能自理但存在高风险老年人的健康保健和疾病预防意识,促进社区老年人之间以及社区居民之间的互助。根据这一总目标,H老年社会服务中心制定了社区“家庭病房”五社联动项目的具体目标,涉及社区不能自理的失能失智老年人的服务目标和其他人群的服务目标。

针对社区不能自理的失能失智老年人,社区“家庭病房”五社联动项目的具体目标包括:(1)建立36名不能自理的失能失智老年人的个人健康档案,并根据每次入户情况随时做好信息更新;(2)协助家庭照顾者处理36名不能自理的失能失智老年人的褥疮和伤口,减少伤口的感染和病痛;(3)重点监护不能自理中的高风险失能失智老年人的身体健康状况,做好应急处置方案;(4)协助家庭照顾者疏导不能自理的失能失智老年人的担心和不满情绪,缓解他们不能自理后的心理压力;(5)建立由家庭照顾者、家人、楼组长、居委会工作人员和社会工作者组成的“五位一体”的社区监护网络。

针对社区中的其他人群,包括失能失智老年人的照顾者、尚能自理但存在高风险的老年人和身体健康的老年人,社区“家庭病房”五社联动项目确

定的具体服务目标包括：(1) 舒缓家庭照顾者的照顾压力，帮助他们学会简单的身心放松方法；(2) 提升家庭照顾者的照顾技能，协助他们掌握针对不能自理的失能失智老年人的褥疮处理和翻身技术；(3) 改善家庭照顾者与不能自理的失能失智老年人之间的沟通方式，减少沟通中的冲突；(4) 提升社区尚能自理但存在高风险老年人的健康保健意识，协助他们掌握疾病预防的基本知识；(5) 促进社区尚能自理但存在高风险的老年人的社会交往，建立邻里预防网络；(6) 提升社区居民的家庭照顾技能，增强社区居民的健康维护意识；(7) 建立一支社区助老健康护卫队，增强社区的互助网络。

从制定的项目具体目标来看，社区“家庭病房”五社联动项目是一项综合的社会工作服务项目。之所以称之为综合的社会工作服务项目，是因为这一项目的服务人群不仅涉及社区里的失能失智老年人，而且涉及社区里的其他类型的老年人，如尚能自理但存在高风险的老年人和身体健康的老年人，以及社区里的其他居民，包括不能自理的失能失智老年人的家庭照顾者、家人、楼组长、居委会工作人员等，项目的服务人群具有非常明显的综合性。在项目希望达成的目标方面，社区“家庭病房”五社联动项目尽管有 12 项具体目标，但是这些具体目标是相互关联的，可以简单概括为三种网络(社区不能自理的失能失智老年人的监护网络、社区尚能自理但存在高风险老年人的预防网络和社区健康老年人的互助网络)的搭建。显然，社区“家庭病房”五社联动项目是一种涉及多层社区支持网络建设的综合服务，给不能自理的失能失智老年人提供了多层次的社区保障系统。

三、社区“家庭病房”五社联动项目的服务过程

为了清楚地说明社区“家庭病房”五社联动项目各项活动之间的关系，笔者以 H 老年社会服务中心在第一年开展的服务活动为例。该项目的具体活动包括：36 个不能自理的失能失智老年人的个案，2 个家庭健康照顾的小组(1 个家庭照顾减压小组、1 个家庭照顾技能学习小组)，2 场社区大型活动(1 场不能自理的失能失智老年人的户外活动、1 场社区助老健康护卫队的

培育活动)。此外,社区“家庭病房”五社联动项目给社区中36名不能自理的失能失智老年人建立了健康档案,并且邀请医生组织了10期针对社区里尚能自理但存在高风险的老年人健康意识提升的讲座和2期社区家庭照顾技能培训。

针对不能自理的失能失智老年人的个案,医生、护理员和社会工作者组成社区“家庭病房”工作小组,采用多专业团队工作方法,开展入户服务。首次入户由医生带队。首先,医生针对不能自理的失能失智老年人的身体健康状况和康复状况做出诊断,给予不能自理的失能失智老年人及其家人医疗方面的指导,回答他们在医疗方面的疑问。其次,护理员针对不能自理的失能失智老年人的家庭护理状况做出诊断,协助家庭照顾者处理褥疮和其他护理方面的问题,包括居家环境、健康饮食和肢体运动等。最后,社会工作者就不能自理的失能失智老年人的家庭照顾能力进行评估,协助家庭照顾者舒缓照顾压力、学习照顾技能、合理安排照顾任务和解决其他家庭照顾问题,如照顾资源的链接、照顾困难补助的申请,以及社区不能自理的失能失智老年人监护网络的建设等。平时,失能失智老年人的入户指导主要由社会工作者负责,内容包括填写36名不能自理的失能失智老年人的个人健康档案,并且根据每次的入户情况随时做好信息更新,必要时就联系医生和护理员入户。

针对不能自理的失能失智老年人的失能失智状况,社区“家庭病房”工作小组对36名不能自理的失能失智老年人进行了风险监护等级的区分,其中12名属于高风险监护等级,这类老年人面临并发症或者高龄的风险,身体健康状况不稳定,需要进行重点监护;剩余的24名属于一般风险监护等级,这类老年人身体健康状况比较稳定,只需要开展常规的入户指导。对于高风险监护等级的不能自理的失能失智老年人,社会工作者除了增加入户频率,加大与医护人员的协商力度,还需要在每次入户指导时进行风险评估,明确这12名不能自理的失能失智老年人的风险状况,如果遇到风险,就需要及时联系医护人员进行处理。此外,由于这12名不能自理的失能失智老年人的风险监护等级比较高，社会工作者还需要与其照顾者和家人保持沟通，及时了解他们的健康状况。

家庭照顾减压小组是专门针对长期家庭照顾者开设的小组，目的是减轻家庭照顾者的照顾压力。对此，社会工作者招募了社区“家庭病房”五社联动项目中的8名家庭照顾者，他们在照顾不能自理的失能失智老年人时都感受到了极大的照顾压力。为了协助这8名家庭照顾者减轻照顾压力，社会工作者采用压力应对理论设计了6节小组活动，分别就照顾压力的来源、照顾压力的认知和照顾压力的应对方式进行指导，并且邀请医生和护理员进行相关知识的讲解。6节小组活动的内容包括相关疾病知识和护理知识的介绍、自我保健技能的练习和压力舒缓方式的训练等。家庭照顾技能学习小组涉及褥疮处理、翻身、进食三个方面的基本家庭照顾技能学习，包括10节小组活动，共有12名社区“家庭病房”五社联动项目中的家庭照顾者参与。在家庭照顾技能学习小组中，社会工作者邀请护理员作为合作者一起完成小组活动的设计、执行和评估工作。

针对社区中不能自理的失能失智老年人缺少户外活动的现状，社会工作者设计并且组织了一场大型户外活动，让这些不能自理的失能失智的老年人参观厦门的铁路公园，了解厦门近期的改革开放建设成就，以增强他们的生活满足感和幸福感。参加这次大型户外活动的有20名不能自理的失能失智老年人、20名家庭照顾者、52名志愿者、4名护理员和1名医生。为了保障这次户外活动的顺利开展，社会工作者链接了社会资源，为这些不能自理的失能失智老年人的出行提供各种必要的物资和药品。在社区“家庭病房”五社联动项目中，社会工作者组织的另一场大型活动是培育社区助老健康护卫队，目的是增强居民之间的互助和增强社区居民的健康保健意识。为了实现这一目标，社会工作者通过挖掘骨干志愿者、组织志愿服务活动等方式，建立起了一支由25人组成的社区助老健康护卫队。除了这25人参加了这场大型社区助老健康护卫队培育活动，社会工作者还邀请了12名社区志愿者和24名高校青年志愿者参加本次大型培育活动。这次大型培育活动的主要内容包括分享助老健康志愿服务经验、学习自我健康保健技能。

四、社区“家庭病房”五社联动项目的服务成效

在整整一年的社区“家庭病房”五社联动项目的实践探索中,H老年社会服务中心无论在微观服务还是宏观服务上都取得了明显的成效。在个人健康档案方面:社区“家庭病房”五社联动项目为36名不能自理的失能失智老年人建立了个人健康档案;在个案工作方面,社区“家庭病房”五社联动项目为12名不能自理的失能失智老年人提供高风险监护等级的入户服务、为24名不能自理的失能失智老年人提供一般风险监护登记入户服务;在小组工作方面,社区“家庭病房”五社联动项目为8名感到照顾压力大的家庭照顾者组织了6节家庭照顾减压活动、为12名缺乏家庭照顾技能的家庭照顾者开展了10场家庭照顾技能学习活动;在社区大型活动方面,社区“家庭病房”五社联动项目开展了由20名不能自理的失能失智的老年人、20名家庭照顾者、52名志愿者参加的,1场针对不能自理的失能失智老年人的户外活动,以及由25名社区助老健康护卫队成员、12名社区志愿者、24名高校青年志愿者参加的,1场社区助老健康护卫队的培育活动。此外,社区“家庭病房”五社联动项目组织了“银康”健康知识讲座和家庭护理技能培训。“银康”健康知识讲座的累计参与人次达500,其中85%参与的老年人认为学有所用,有10位尚能自理但存在高风险的老年人参与组建积极分子小组,增强老年人之间的互动;家庭护理技能培训累计有400人次参加,其中42名毕业学员成为社区志愿者,并且与2户“家庭病房”建立了志愿服务联系。

在社会支持网络建设方面,社区“家庭病房”五社联动项目建立了由照顾者、家人、楼组长、居委会工作人员和社会工作者参与的“五位一体”社区“家庭病房”五社联动项目的监护网络,搭建了社区尚能自理但存在高风险的老年人的预防网络和社区健康老年人组成的社区互助网络。同时,社区“家庭病房”五社联动项目获得了M市电业局、市旅游局,某烟草公司、戴尔科技集团等10多家企事业单位捐赠的爱心物资(价值万余元),以及M市电

视、晚报、日报等多家主流媒体的专题报道。

第二节　协商治理型“五社联动”典型案例分析

对于普通的社区居民而言，尽管他们在社区生活中也可能面临一些生活上的困难，但是更为根本的是他们如何走出家门参与社区治理，增强社区参与的主动性和参与能力。对此，中国社会工作者就不能采用弱势人群帮扶的服务模式，而需要围绕社区的公共事务，激活居民的参与意识，从协商议事入手，增强居民的参事议事能力，推动居民主动参与社区的公共事务，提升社区的治理效能。这样，对于中国社会工作者而言，此时的“五社联动”就是协助居民找到协商议事的途径和方法，通过激发居民的社区参与活力，推动整个社区的互助和发展。这是一种协商治理型社会工作专业实践模式。

一、社区党群两级“加油站”五社联动项目的情况介绍

F市M区S社会工作服务中心是在2021年开始承接F市M区民政局出资购买的“五社联动”试点项目的。在承接项目之初，该中心的社会工作者采用弱势人群帮扶的思路来策划具体的服务活动，如规划了针对高空抛物这一问题的社区安全宣传活动，甚至动员社区里的小朋友作为志愿者倡导维护社区的卫生和安全。但是，他们发现这种服务思路对于社区公共事务的解决效果不是很理想。于是，他们在经历了几次失败的尝试后，开始采取动员居民主动走出家门参与社区公共事务的服务策略，不再把社会工作专业服务的焦点集中在弱势人群的困难评估和专业服务的提供上，而是转向为居民创建表达意见的便捷的渠道，在每个楼栋都设置了邻里意见收集箱，建立了小区和社区两级的党群多方协商议事机制。小区每半月协商议事一次，社区每月协商议事一次，推动居民主动参与小区和社区的协商议

事,社区解决不了的及时反馈给街道,让街道能够了解居民的现实需求。在建立了这样的社区党群两级多方协商议事机制之后,S社会工作服务中心的社会工作者发现原来无法解决的,像小区高空抛物、不文明养宠物等社区公共问题很快得到了解决,甚至一直以来困扰社区的停车难问题也得到了一定程度的缓解。显然,在开展这种动员居民主动走出家门参与小区社区协商议事的“五社联动”的服务项目时,中国社会工作者不再是服务和资源的提供者,而是居民和社区活力的激发者,从而推动居民成为社区公共事务的参与者和解决者,让社区变成居民的社区。

社区党群两级“加油站”五社联动项目落地在F市M区的新型城市社区。该社区成立于2002年,是由别墅小区、拆迁安置小区和商业住宅小区三种不同类型的小区组成的混合式社区。社区目前常住人口有4 344人:儿童青少年有937人;60岁及以上老年人有630人,其中75岁及以上的有122人;20～40岁的青壮年居多,有1 472人。由于这是新建的社区,整个社区人口结构偏年轻化,社区弱势人群比较少。但是在“村改居”建设进程中,因为社区内天桥、铁路等交通设施的建设,导致整个社区被分隔成三个片区,片区之间的往来很不方便,特别是三个片区中的老年人和儿童几乎不往来。拆迁安置小区里居住的是本地人,而别墅小区和商业住宅小区以外地人居多,本地人与外地人的关系较为疏远,社区融合成为社区治理的突出问题。同时,由于生活习惯的差异,社区常常面临高楼抛扔垃圾、邻里楼道被挤占、居家安全意识欠缺等问题,导致邻里纠纷时常发生。S社会工作服务中心在实地调研中发现社区居民提意见的很多,但是主动参与社区公共事务的意愿很低,而且居民之间缺乏交流,社区自组织偏少,无法带动居民参与社区公共事务。因此,如何激发居民参与社区公共事务的意愿、推动居民之间的互助、建立多方协商议事机制,是社区在治理过程中急需解决的难题。

二、社区党群两级“加油站”五社联动项目的服务目标

社区党群两级“加油站”五社联动项目的总目标是协助社区建立小区

社区两级党群多方协商议事机制，通过每月定期举办的党群协商议事会推动居民主动走出家门参加社区公共事务的谈论和解决，实现社区共建共治共享治理格局的形成。根据社区党群两级“加油站”五社联动项目的总目标，S社会工作服务中心设计了两个方面的子目标：一是涉及社区四层两级党群多方协商议事机制的建设，二是涉及社区居民自组织的建设。

就社区四层两级党群多方协商议事机制建设而言，社区党群两级“加油站”五社联动项目包括以下六项具体的子目标：(1) 在三种不同类型的小区中设置邻里意见收集箱，拓宽居民反馈意见的渠道，让居民的意见能够得到及时的呈现；(2) 在每个小区建立党群多方协商议事会，由小区里的党员带头，推动小区里的居民、志愿者、社区自组织代表和物业公司代表参与小区公共事务；(3) 每半月举办一次小区党群多方协商议事会，对收集上来的居民意见进行初步分类，拟定解决的初步方案，提交社区党群多方协商议事会讨论；(4) 在社区建立党群多方协商议事会，由社区里的党员带头，推动社区里的居民、志愿者、社会组织代表、物业公司代表和社区居委会参与社区公共事务；(5) 每月举办一次社区党群多方协商议事会，对小区提交上来的居民意见和初步解决方案进行细致的讨论，明确具体的解决方案及其落实单位的责任分工；(6) 每月定期公示社区党群多方协商议事会的解决方案及其责任分工，并且将无法解决的居民问题提交给街道，让街道了解居民的需求。

针对社区居民自组织的建设，社区党群两级“加油站”五社联动项目设计了以下四项具体的子目标：(1) 在三个片区组织亲子绘本阅读活动，组建亲子阅读小组，促进各片区亲子关系的改善；(2) 增加三个片区亲子绘本阅读小组的交流，消除片区之间的隔阂，组建社区的亲子绘本阅读自组织，定期举办社区家庭教育公共议题讨论和亲子绘本阅读公益集市活动；(3) 在三个片区打造社区康乐空间，推动居民走出家门参与社区的康乐活动，丰富居民的业余生活；(4) 定期举办康乐活动，促进三个片区居民之间的情感交流，建立社区康乐活动交流平台，推动居民参与社区公共事务。

此外，社区党群两级“加油站”五社联动项目还通过建立社区的小广播站，组建了“小小志愿者”队伍，推动社区儿童青少年参与社区公共事务，如播报社区的志愿服务信息、社区的好人好事和社区党群多方协商议事的解决方法等，从而增进居民对整个社区的了解和对社区的凝聚力。

显然，社区党群两级“加油站”五社联动项目是以小区社区两级党群多方协商议事机制建设为主线的，通过亲子绘本阅读、居民康乐活动和社区小广播站建设，推动了居民走出家门参与社区公共事务，消除了三个片区之间的隔阂，提升了社区治理的效能。

三、社区党群两级“加油站”五社联动项目的服务过程

社区党群两级“加油站”五社联动项目是一个为期 3 年的政府购买项目，从 2021 年 4 月到 2024 年 3 月。由于项目开始执行时处于探索阶段，经过半年多的调适，S社会工作服务中心逐渐找到了推动居民走出家门参与社区公共事务的方法，由此确定了帮助社区建立小区社区两级党群多方协商议事机制的服务目标。为了清楚地说明社区党群两级“加油站”五社联动项目的活动内容，笔者以 2022 年 4 月到 2023 年 3 月为时间节点，对S社会工作服务中心开展的社区党群两级“加油站”五社联动项目进行重点介绍。

在社区四层两级党群协商议事机制建设方面，社区党群两级“加油站”五社联动项目的活动内容包括：(1) 针对 5 个小区(1 个别墅小区、2 个拆迁安置小区、2 个商业住宅小区)分别设置了邻里意见收集箱，有人称其为“家园梦想墙”“心灵信箱”或者“邻里驿站”等，并且结合邻里意见收集箱的设置举办了一场社区大型活动，宣布社区党群两级“加油站”五社联动项目开始实施；(2) 组建了小区党群多方协商议事会，并且协助组织了 24 场小区协商议事会，制定了小区协商议事的规则和记录各种事项的表格等；(3) 组建了社区党群多方协商议事会，并且协助社区议事会开展了 12 场社区协商议事，

帮助社区制定了社区协商议事的各项规章制度和各种记录事项的表格；(4) 组织了 2 场协商议事的培训活动，让社区党群多方协商议事会参与主体掌握了协商议事的能力；(5) 编制了社区党群两级协商议事的操作手册，用于指导社会工作者和相关工作人员组织开展党群两级协商议事。

在社区居民自组织的建设方面，社区党群两级“加油站”五社联动项目的活动内容包括：(1) 在三个片区开设了 3 个亲子绘本阅读小组，每个小组的活动次数不等，6～8 次；(2) 组织了 2 次三个片区之间的亲子绘本阅读小组的交流活动，促进了不同片区之间的交流；(3) 建立社区亲子绘本阅读自组织，协助该自组织举办了 2 期社区家庭教育公共议题讨论和 1 场亲子绘本阅读公益集市活动，促进了社区居民之间的交流；(4) 在三个片区共举办了 6 场节假日大型活动、12 场庆生会，丰富了居民的业余生活；(5) 组织了 1 场由三个片区共同参与的迎新年社区大型活动；(6) 建立了社区康乐活动交流平台，促进了居民之间的互助，激发了居民参与社区公共事务的热情；(7) 组建了一支由 15 名儿童少年参与的“小小志愿者”队伍，创建了社区的小广播站，推动了社区儿童青少年参与社区公共事务。

值得注意的是，尽管社区党群两级“加油站”五社联动项目的活动内容有很多，但是这一项目始终把小区社区两级党群多方协商议事和社区居民自组织的建设作为推进社区发展的核心，强调只有通过提升居民互助的能力和协商议事能力，才能促进社区治理效能的提升。

四、社区党群两级“加油站”五社联动项目的服务成效

以 2021 年 4 月至 2024 年 3 月为时间节点，社区党群两级“加油站”“五社联动”项目在第一年的实施过程中建立了社区四层两级党群多方协商议事机制，包括四层两级的分工定位，如邻里收集居民意见、小区协商议事(初步分类、拟定初步解决方案)、社区协商议事(明确解决方案、确定责任分工)、街道了解居民诉求，以及制定小区社区两级多方协商议事的规章制度和各种记录事项的表格等。在 2021 年 4 月至 2022 年 3 月项目实施期间，S

社会工作服务中心的社会工作者协助社区党群两级多方协商议事36次，解决的问题事件达65起，服务居民5 490人次。仅以2022年4—5月协商议事的内容为例，通过党群两级多方协商议事解决了8起问题事件，涉及安全类的无疫小区创建、健身场地安全维护、铁路安全维护、楼道清理；康乐类的耆老生日会、非遗文化剪纸活动；家庭教育类的母亲节亲子沟通小组；能力提升类的居民骨干沟通能力提升培训。

在社区居民自组织的建设方面，社区党群两级"加油站"五社联动项目在2021年4月至2024年3月，共培育了50名志愿服务骨干，组建了1支由15名儿童少年参与的"小小志愿者"队伍，建立了1个社区康乐活动交流平台，成立了1个社区亲子绘本阅读自组织，并且通过三个片区之间的亲子绘本阅读活动和社区康乐活动，增进了社区居民之间的了解，促进了居民参与社区公共事务意愿的提升。此外，S社会工作服务中心还编制了社区党群两级多方协商议事的操作手册，为"五社联动"推进社区治理提供了可学习、可复制的社会工作专业服务模式。

第三节　社区慈善哺育型"五社联动"典型案例分析

与"三社联动"相比，"五社联动"更强调社会慈善资源对社区治理的哺育和促进作用。对此，需要以社区为平台，广泛动员社区慈善力量参与，拓宽社区的资源获取渠道，构建多元化、常态化的社区慈善资源供给机制，为社区治理注入活力。在社区慈善哺育型"五社联动"模式中，社会工作者需要由原来的"小社工"转变成"大社工"，在社区党组织的支持下，通过各种慈善性、公益性的募款活动筹集善款，吸纳各种社会捐赠，有效动员社会的慈善捐赠资源，突破以往单一依靠政府购买社会服务带来的局限性。

一、“五社联动·家园助力站”项目在湖北省武汉市武昌区南湖街道试点的基本情况[①]

为了进一步提升基层社会治理能力，在民政部原慈善事业促进和社会工作司指导下，中国社会工作学会与腾讯公益慈善基金会于 2022 年合作开展“五社联动·家园助力站”项目，在全国范围内推动创建社区基金，通过“五社联动”机制，以乡镇(街道)社工站为依托，以社会工作者为支撑，充分发挥社区基金在整合公益资源、拓宽慈善渠道、改善社区民生、提升社会治理水平等方面的作用，推动形成共建共治共享的社会治理格局，建设人人有责、人人尽责、人人享有的社会治理共同体，增强人民群众的获得感、幸福感和安全感，夯实党长期执政和国家长治久安的基层基础。

2022 年 4 月，作为 96 个项目试点之一，湖北省武汉市武昌区南湖街道开始实施“五社联动·家园助力站”项目。南湖街道前身为南湖机场，占地约 2.67 平方公里，建有 28 个住宅型小区、3 个商业广场、6 个社区居委会，常住居民有 65 068 人，是有 26 年房龄的纯居住型老旧街道。60 岁及以上的老年人有 8 341 人，其中空巢独居老人有 925 人。此外，常住人口中困难老人有 66 人、困难儿童有 28 人、残疾人有 348 人、在册低保户有 42 户。项目实施前，街道辖区的社区服务普遍存在着如下问题：一是相应的服务资金无法完全匹配居民的需求；二是社区服务偏行政性质，居民的专精需求无法得到满足；三是居民的迁入原因多样，流动性强，邻里关系陌生，社区融入感不强。对此，社会工作者以建设社区公益基金为支点，撬动社区、辖区居民、商户、志愿者、社会组织等各方力量，为社区建设筹资、筹人、筹服务，助力社区治理，提升居民的社区参与感、归属感、幸福感。

① 本案例由武汉市武昌区乐仁乐助公益发展与社会创新中心选送。

二、“五社联动·家园助力站”项目在湖北省武汉市武昌区南湖街道试点的服务目标

第一,建成南湖街道社区公益基金,并筹集社区服务资金。第二,通过社区基金支持居民服务类项目的开展,撬动多元力量参与社区建设,满足社区需求,解决社区问题。第三,打造社区公益基金品牌,营造社区公益慈善氛围,增强社区居民参与意识。

三、“五社联动·家园助力站”项目在湖北省武汉市武昌区南湖街道试点的服务过程

南湖街道社区公益基金是由南湖街道办事处发起,由南湖街道社工站的驻点社会工作者结合街情民意,广泛发动居民通过项目化进行运作的。筹资是社区基金的目标,也是促进居民参与的桥梁。通过筹资找到捐赠人、服务者、管理者,促进其参与关心的社区治理项目是社区基金的目标之一。通过社区基金的运营实现社区到街区的链接,动员整个街区的多元主体参与社区治理,从而推动“五社联动”公益基金品牌的塑造。

(一)推动多元力量参与,构建社区基金生态

结合南湖街道社区公益基金在南湖街道社会治理格局中的定位和作用,多元力量发挥了引导、催化、参与的多重功能。

1. 党建引领多元主体形成合力

在党建引领下,南湖街道社区公益基金建设初期,街社联合撬动了区域化党建单位、商会、居民志愿者、社区企业、社会组织等主体,并在社区基金运营过程中激发了这些主体的主观能动性,最终形成了持续性自下而上的多元化资源供给渠道和多元协同共治的局面。

首届湖北数字公益节是南湖街道社区公益基金自成立以来参与的第一个公募活动。依托党建力量,街道撬动了“两新”党支部的 4 家单位、社区动员了 26 个网格党支部参与活动,最终有 1 217 人总计捐款 29 725.02 元。其

中,“两新”党支部的4家单位在持续参与的过程中也成了南湖街道社区公益基金筹募的主要力量。

2. 参与式捐赠激发建设意愿

在社区公益基金运作的过程中,筹款用途决定了向谁筹、怎么筹。因此,南湖街道的社会工作者探索了参与式捐赠,即由社区公益基金的受益群体提出他们的需求是什么,再以满足需求为目的地筹人、筹钱、筹服务。在摸清公众需求的过程中,公众也在逐渐理解公益慈善和社区公益基金的存在意义和实施的必要性,并成为社区公益基金建设的参与者。

在2022年,南湖街道社区公益基金以第五届“‘了不起的居民’志愿服务项目”众筹大赛为载体,首先召集社区骨干、志愿者召开“社区参事”议事会,挖掘大家的刚需、急需和难需之点。其次,在有较为明确的需求后,社区、商户、组织借助首届湖北数字公益节契机,发起了多个“一起捐”通道,共筹集29 725.02元。最后,大赛征集并产出了4个环境改善类、民生服务类、文化服务类、志愿服务力量培育类社区项目,以及3个新就业群体服务类和优化营商环境类的街道级项目。其中4个项目由社区志愿服务队承接,3个项目以社会组织和社区志愿服务队合作的形式承接。

3. 强化多元主体的责任意识

社区是在地居民、商家天然的“根”,社区公益基金最终还是要扎“根”,大家才会有更强的动力参与。从首届湖北数字公益节、“99公益日”、“‘了不起的居民’志愿服务项目”众筹大赛,到南湖街道“公益街”的打造,社会工作者始终引导并强化居民和商家的主体意识、参与意识和责任意识,将社区公益基金建设与社区的归属感、荣誉感和责任感连接,形成了人人筹款、多元参与的慈善氛围。从2022年4月至2023年3月,1 600余人次的居民和多家商企捐赠了近7万元(包含物资),超过600人次的居民和多家商企以提供人力或服务的方式参与到社区志愿服务中。

4. 发展基金管理的在地力量

对于一个自下而上的社区公益基金,培养在地的支持、引导和监管力量势在必行，南湖街道社区公益基金管委会应运而生。管委会成员由南湖街道办事处、社会工作者和本土商家代表共同构成。其中，街道办事处提供政策支持和在地化支持，初期为撬动本土资源打下了基础，也为社区公益基金建设提供了信任基础。社会工作者的加入提供了专业力量，推动社区公益基金在促进社区融合、整合社区资源、解决社区问题、支持社区治理等方面发挥作用。与其他主体相比，本土商家具有更强劲的"自我造血"能力。南湖街道社区公益基金管委会的商家成员来自在南湖街道经营多年的连锁企业，它们既是社区基金的捐赠者，也是街区向好后的获益者。它们本身已有成熟的运行机制、市场投资经验，可以借助高效准确的商业经营方式为社区公益基金挖掘更多资源、开辟更多募集通道。

（二）打通多维筹募渠道，推动社区公益基金筹募常态化

社区公益基金的建设工作需要以信任为基础，因此社会工作者通过提升街区对社区公益基金的认同度，打通多维筹款渠道，推动社区公益基金筹款常态化。

1. 用好互联网筹款工具，加强社区公益基金的公信力

"互联网＋筹款"这一方式从技术到认知已经得到了社会大众的认同。南湖街道社区公益基金紧紧依托互联网募捐信息平台进行筹募：一是依托腾讯公益这个互联网公益生态建设的佼佼者，以公众对该平台的信任为基础，充分发挥平台的"配捐"激励和"小红花"制度对大众的吸引力，推动公众参与社区公益基金的捐赠；二是依托湖北省慈善总会的"幸福家园"村社互助平台这个省级筹募工具，获得本地平台的支持。

2. 促进公益慈善可视化，营造全民公益的向善氛围

建设社区公益基金的重要一环是营造社区的慈善文化氛围，以实现居民"从旁观者变成行动者"的思想转变。因此，南湖街道社会工作者紧抓"新媒体"和"环境营造"，将社区公益基金的公益慈善概念以多种方式充分嵌入居民的生活中，逐步培育多元力量的公益慈善意识。

截至 2023 年 3 月，南湖街道以社区公益基金和志愿服务为主导，发表了

近60篇宣传报道，其中包含12篇省级媒体报道、11篇市级媒体报道、12篇区级媒体报道。在利用多元媒介彰显社会公益基金的社会责任的同时，南湖街道充分利用“直播＋公益”的新方式，利用斗鱼、微信等直播平台，进行了5次直播，观看人数远超10万人次。

在“99公益日”筹款期间，南湖街道设立了12个慈善捐款宣传点位，包含了社区、商家和商圈。2023年3月，在“公益街”的开街仪式活动中，12个宣传点位共发放即时性宣传物料44个、社区公益基金文创周边近400份。为实现常态化宣传，南湖街道在14家商户内设置志愿服务积分兑换和慈善捐款类的物料共计28个。

3. 从联动筹募到战略筹募，实现社区基金的可持续运营

社区内多元主体联动起来，才能切实支持社区公益基金的持续化运营。如通过“‘了不起的居民’志愿服务项目”众筹大赛，街社在初期联动开展社区参事议事会，随后街道、社区、企业围绕议事结果联动开展筹款，同时吸引社会组织、志愿者、商户持续关注。

南湖街道的企业直接面向居民，企业所营销的产品需要得到居民，也就是消费者的认同。在前期的湖北数字公益节和“99公益日”筹款期间，社会工作者为南湖街道的企业设定了“企业＋公益”营销定位，并将其命名为“了不起的商户”和“商户联盟”。之后，社会工作者鼓励商户通过“一起捐”回馈居民的方式，巩固其“扎根基层治理，投身公益慈善”的正面形象。截至2023年3月，南湖街道的商户捐款和商户发起的“一起捐”活动共筹募近4万元。

与公益跨界营销不仅为企业带来了正向的影响，也为社区公益基金带来了更多的曝光与资源。为达到“1＋1＞2”的效果，社会工作者探索了战略筹款新模式：一是商户向社区公益基金捐赠一定金额后，就会拥有由社区公益基金资助的志愿服务项目或相关筹款活动的“冠名权”；二是商户提供社区志愿服务积分兑换的物资，街社可以给商户提供走进小区的机会。如此，实现了社区公益基金和企业的互利互惠。

以上是社区公益基金筹募策略。为实现社区公益基金可持续运营和慈

善文化营造的最终目的，发挥企业与公益跨界联动的最大治理效能，社会工作者联合街社打造了公益街巷，即"公益街"作为南湖街道公益慈善的集合阵地。商家提供志愿服务的激励物资或服务并常态化参与社区基金筹款，即可署名为"乐益商店"。"乐益商店"门口会贴上门牌标识，并结合实际兑换的物资或服务进行展示宣传，在收银或服务台设立社区公益基金筹款二维码，结合新发起或正在开展的不同资助项目号召大众进行随心捐，并强化该店的"了不起的商家"形象。由此组成了南湖街道"公益街"。南湖街道"公益街"旨在树立"商业向善"的形象，初步构建"志愿服务＋经营发展＋再服务"的可持续模式，将公益慈善和志愿服务融入大众生活当中，进一步提升慈善资源的价值和公益慈善的影响力。

（三）强化主体参与，实现"需求—资金—服务"的治理闭环

在社区公益基金的建设过程中，社会工作者坚持激发社区多元主体的主体意识、参与意识和责任意识，并聚焦居民思想转变较慢、能力不足、方法缺失等问题，引导社区居民"自觉"参与社区建设，实现"需求—资金—服务"的社区治理闭环。

1. 发挥社区公益基金的资源存续功能

南湖街道社区公益基金在建设过程中看重慈善资金和资源的存续功能，以期实现慈善资金的可持续发展和志愿服务人力资源的长期维系。

对此，社会工作者以商户如何参与社区治理为题，探索建立了南湖街道"公益街"。加入"公益街"的商家被称为"乐益商店"，"乐益商店"通过店内设筹款二维码以扩大慈善资金的筹募通道。同时，志愿者用志愿服务积分兑换"乐益商店"指定的物资或服务，促进更多群体关注并进一步参与志愿服务，壮大志愿服务队伍。

2. 打造社区治理的多元共治平台

南湖街道社区公益基金的最终目标是撬动辖区多元力量，以公益、自治、互助的方式满足居民的多样需求。对此，社会工作者以"'了不起的居民'志愿服务项目"众筹大赛为载体，遵循"需求发掘—资源链接—服务回

应”的脉络，支持社区志愿团队、社区社会组织等参与社区问题的解决，回应社区居民的多元服务需求，特别是支持社区互助与自助服务项目的开展，增进社区多元主体之间的信任与融合，充分发挥“五社联动”功能。

在第五届“‘了不起的居民’志愿服务项目”众筹大赛中，社会工作者通过社区参事议事会，发掘居民需求，开展服务设计，引导社区居委会、志愿者、社会组织等主体从旁观者转变为行动者，从而链接社会资源和提供服务。社区多元主体在发挥积极作用的同时找到了自身的角色，其参与社区治理的意愿、动力、价值和能力同步有了极大的提升。最终，众筹大赛共支持了 7 个社区项目，其中 4 个项目由社区志愿服务队策划执行，涉及居民公共活动空间打造、残障人士服务、志愿者团队培育等服务；另外 3 个项目由注册社会组织（企业）承接，其中 2 个项目的社会组织（企业）和社区志愿者参与过社区参事议事会、社区公益基金筹款活动。

四、“五社联动·家园助力站”项目在湖北省武汉市武昌区南湖街道试点的服务成效

南湖街道社会工作者从居民需求出发，结合南湖街道慈善资源少且辖区小的街情实际，以“五社联动”为工作方法，坚持“共同缔造”的实施路径，探索本土化发展路径。

（一）以“筹人”促“联动”：联动多元主体互动，实现基金运营可持续

南湖街道社会工作者在“筹人”上下功夫，积极探索社区公益基金本土化发展路径，坚持“共谋、共建、共管、共评、共享”的“五共”理念，聚集南湖“能人”，通过各种品牌服务与特色主题活动挖掘参与主体。第一步，集合辖区居民参与社区参事议事会筹得“共谋员”。第二步，通过活动，联动辖区商企、社区组织、下沉党员、爱心居民等多元主体参与社区公益基金建设，实现商企联合、商居联动、邻里互助，在联动中营造氛围，为社区公益基金建设筹得“共建员”。第三步，成立社区公益基金管委会，多方共同助力社区公益基金运营，发挥居民的公益领袖作用，推动社区自我服务、自我管

理，筹得"共管员"。遵循这样的理念并持续深耕，让辖区多元主体均能"共评、共享"。

（二）以"筹资"营"氛围"：人人都是"筹款官"，助力常态筹款可持续

社会工作者以南湖街道"'了不起的居民'志愿服务项目"众筹大赛为支点，结合前期共谋，联动辖区6个社区的社工室，发动辖区商企、社会组织、社区居民参与众筹，利用各方众筹资金支持志愿服务项目，增加社区公益基金知名度、曝光度，做好社区公益基金反哺工作，促进基金募集与关系营造并行，形成筹与用内循环，推动社区公益基金实现长效化筹款。在此基础上，以"公益街"建设为抓手，建立常态化筹款渠道，为南湖街道的商企和居民建立公益参与、志愿参与平台，推动街区友好公益环境共建。在这里，社区、社会组织、居民、商企都是"筹款官"、受益者。通过构建南湖街道公益一体化，实现从过程到结果的"五共"模式，在"筹人"基础上提升社区公益基金筹款的号召力，实现常态化筹款。

（三）以"筹服务"谋"幸福"："五社联动"齐发力，推动服务行动可持续

在"筹服务"方面，南湖街道社会工作者结合居民提出的最关心、最迫切的社区治理难题，以众筹大赛为支点鼓励社区志愿者积极参与，助力孵化培育社区社会组织，最终以志愿服务项目形式解决治理难题，为社区居民"筹服务"。由此，社会工作者探索了一套南湖街道的本土化"五社联动"工作机制，破解了各方"联而不动"的难题，推动了辖区多元志愿服务可持续，营造了全街互助共建的良好氛围。

五、项目反思

基于以上探索，南湖街道社会工作者也对社区公益基金发展现状进行了反思。南湖街道社区公益基金建设主要以活动为依托，增加多元主体互动联结，推动品牌服务建设与社区公益基金募集。从以往数据来看，社区公益基金募捐数额中，辖区商企募捐的数额较多，社区居民虽积极参与活动，

但捐赠的数额并不多。对此，南湖街道社会工作者下一步还需深化常态化筹款做法，深度挖掘居民“急难愁盼”需求，触动居民心之所望，动员各方力量，实时推进善款使用公开透明，用社区公益基金推进社区治理的精细化、专业化、可持续发展，增强居民的社区参与感、归属感、幸福感。

第九章　“五社联动”发展展望

党的二十大报告强调:“健全共建共治共享的社会治理制度,提升社会治理效能。”由此,我国各地区着力推动基层社会治理创新,实施“五社联动”,积极探索联动机制,激发社区发展活力。作为重要的治理主体,社区、社会组织、社会工作者、社区志愿者、社会慈善资源是推进精细化社区治理的核心力量。在以往社区建设中,社区内部多方主体未能进行有效整合与联动,难以推进社区治理体系与治理能力现代化。“五社联动”通过将社区内部分散的社会力量有机整合,有助于形成政府与社会之间互联、互动、互补的社会治理新格局。进一步而言,“五社联动”的有序推进,是有效满足社区居民需求、制定社会政策、缓和社区矛盾、调动社区居民参与社区治理积极性的重要支撑。然而,当下“五社联动”在参与基层社会治理的过程中仍存在较大的阻力与挑战,需要进一步优化与创新。

第一节 “五社联动”参与基层社会治理的机遇

基层社会治理是推进国家治理体系和治理能力现代化的重要内容。近年来，国家围绕基层社会治理出台了一系列政策，为基层社会治理水平的提升提供了重要保障。作为缓解社区矛盾、激发社区活力的关键抓手，“五社联动”是优化基层社会治理格局、推进基层社会治理现代化的重要举措。作为新时代下推动基层社会治理的产物，“五社联动”是创新党建引领基层社会治理的重要实践，是建设基层社会治理共同体的核心平台，同时也是激发社区自治活力的关键途径。

一、创新党建引领基层治理的重要实践

党建引领基层社会治理是强化基层党组织的政治功能和组织功能的关键，是推进社会治理现代化的重要前提。党的二十大报告指出，要加强城市社区党建工作，推进以党建引领基层治理。作为整合社区多元社会力量的核心抓手，“五社联动”是党建引领基层社会治理的创新实践。“五社联动”中的“五社”是指社区、社会组织、社会工作者、社区志愿者、社会慈善资源。从主体论来讲，“五社”中的社区是指社区党组织和社区居委会。社区党组织和社区居委会所发挥的功能与作用是“五社联动”得以实现的关键前提和基础。首先，社区党组织强大的组织动员能力可以整合协调社区多方社会力量，形成强大合力，更好地推动社区建设。其次，作为社区建设的领导者，社区党组织能够为社会工作者、社区志愿者等主体开展服务提供空间支持与政策支持，有助于“五社联动”的高质量发展。

二、建设基层社会治理共同体的核心平台

党的二十大报告强调，要建设人人有责、人人尽责、人人享有的社会治

理共同体。基层社会治理共同体建设倡导多元参与、协同合作的治理模式,这与“五社联动”的发展理念高度契合。“五社联动”的过程也是社区、社会组织、社会工作者、社区志愿者、社会慈善资源充分发挥各自优势,互相合作、互相补充的过程。“五社联动”整合了社区场域内的政治资本、经济资本、社会资本、文化资本、人力资本等多种资源,为社区实现“善治”提供了强有力的支持。从服务递送的角度而言,社会组织、社会工作者等主体在社区的引领下,通过为群众提供高质量服务,能够满足群众对美好生活的期待,促进群众的全面发展,提升群众的社区参与度。因此,作为基层社会治理共同体建设的核心平台,“五社联动”有助于社区形成强大的合力,实现社区的高质量发展。

三、激发社区自治活力的关键途径

社区的高质量发展需要多元主体的参与,尤其是需要社区居民的参与。进一步而言,社区的高质量发展离不开社区居民自治。社区居民自治是指作为社区主体的居民主动参与社区事务的决策与管理。社区居民自治是社区高质量发展的内在要求,是推动社区治理现代化水平提升的重要内容。然而,社区居民自治的实现需要社区有能力对内部纠纷进行在地化解。作为解决社区问题、缓解社区矛盾的重要主体,社区、社会组织和社会工作者是提升社区居民自我治理水平的关键。“五社联动”相关主体在服务过程中强调增权、赋能,并注重群众利益诉求渠道的建立,这在引导社区居民及时向社区反映诉求的同时,也有助于增强社区居民的归属感,激发社区居民的自治活力。

第二节　“五社联动”参与基层社会治理的问题和挑战

“五社联动”参与基层社会治理是进一步优化社区治理结构,提高社区治理效能的重要举措。近年来，各地区以“五社联动”为载体，充分发挥社区、社会组织、社会工作者、社区志愿者、社会慈善资源的主体优势，在推进基层社会治理现代化建设方面取得了成效。然而，由于政策支持体系不够完善、人才培养体系不够成熟、主体联动机制不够健全等，“五社联动”在参与基层社会治理的过程中仍面临诸多挑战。

一、政策支持体系不够完善

政府对“五社联动”多方主体提供的政策支持，是保障多方主体具有合法性的关键。当下，从中央到地方，已出台了一系列支持、引导“五社联动”参与基层社会治理的政策。民政部、国家发展和改革委员会联合编制的《“十四五”民政事业发展规划》指出：“完善城乡社区、社会组织、社会工作‘三社联动’机制，发挥好社区志愿者、公益慈善资源协同作用，促进社会工作专业力量参与社会治理。”湖北省民政厅印发的《湖北省城乡社区“五社联动”工作指引》通知中提到：“将‘五社联动＋’模式嵌入现有民生保障工作，立足社区，以需求为导向，通过项目化管理、社会力量承接、项目购买与志愿奉献相结合，大力提升社区基本公共服务的质量和水平，更好满足居民群众日益增长的美好生活需要。”《重庆市民政局关于创新“五社联动”机制　提升基层治理效能的意见》同样强调：“以培育壮大‘五社’要素、推动‘五社’协同发展为工作重点，实现‘五社’优势互补、有效联动。”不同地区相关政策的出台，为“五社联动”工作的推进和社区精细化治理提供了重要支撑。但不可忽视的是，目前关于“五社联动”的政策仍存在缺乏实践性与操作性的问题。社区、社会组织、社会工作者、社区志愿者、社会慈善资源在具体工作过程中，存在主体自身难以发力、主体之间难以形成合力的困境。如在社区开展服务的过程中，由于相关政策不够明确化、具体化，致使社会工作者在社区治理互动场域中的专业边界较为模糊，总是容易被侵入的科层力量所裹挟，难以发挥专业性。

二、人才培养体系不够成熟

人才是推动社区高质量发展的关键要素,同时也是保障“五社联动”工作有序推进的核心力量。目前,“五社联动”人才培养体系尚不够成熟,各个主体存在专业化人才少、人才队伍不稳定的状况,这严重制约了“五社联动”的高质量推进。原因如下:其一,社区是党和政府联系社区居民的神经末梢。社区党组织和居委会人才的培养事关人民群众生活幸福指数的提升,事关社区治理的规范化、精细化水平的提升。随着社会的发展,推动社区发展的条件逐渐变得多元化、复杂化。然而,我国大多数社区工作者未能受到专业且系统的培训,在工作过程中依旧采用传统的工作手法,难以满足社区发展的需要。此外,基层工作任务多、工作台账多、考核评比多,治理行政化色彩比较明显,部分社区居委会将多元主体之间的联动视为工作负担而非减负途径,难以与社会组织、社会工作者等主体形成扁平化的合作。其二,作为社会治理的重要参与主体之一,社会组织自身建设是影响其与其他主体联动的关键。虽然我国在对社会组织专业化人才重视方面出台了相关政策,如中共中央办公厅、国务院办公厅印发的《关于改革社会组织管理制度促进社会组织健康有序发展的意见》提到把社会组织人才工作纳入国家人才工作体系,以及将社会组织人才纳入国家专业技术人才知识更新工程。但由于缺乏对社会组织人才培养的具体方案,致使大部分社会组织缺乏一支专业化的人才队伍。缺乏专业人才,使社会组织在工作开展过程中难以链接到足够的资源,往往只能依赖于政府资源的支持,并逐渐被政府“借道”。在这种情况下,社会组织很难在寻求自身发展与提升专业水平中寻求平衡,致使其独立性程度较低,缺乏与其他主体有效联动的条件。其三,作为开展专业服务的主要承担者,社会工作者的数量与专业化水平直接决定着其服务供给的质量与推动基层社会治理现代化水平提升的能力。目前,在我国社会工作人才培养过程中,存在专业教育与研究、社会服务脱钩的问题,教育—科研—服务三者的关系出现了明显的失衡。当下拥有社会工作专业理论和实践经验的人才，以及能够督导社会工作开展服务的高质量专业人才数量均处于尚未饱和的状态，难以满足社区居民对服务的实际需求，更是不足以承担“五社联动”模式的实践任务。其四，作为参与社区治理的新兴力量，社区志愿者为社区志愿服务工作的有序推进提供了重要支撑。但目前社区志愿者缺乏较为系统的培训，加上志愿服务活动的行政色彩较浓，社区志愿服务项目缺乏实用性，社区志愿者难以在与其他主体联动的过程中发挥自身应有的价值。其五，社会慈善资源是助力社区建设的重要资源，在帮扶弱势群体、推动居民自治等方面具有极其重要的作用。但由于我国大多慈善组织存在发展尚未成熟，慈善组织工作人员专业水平不高，缺乏专业化的培训与督导，以及行政部门监管不足与监管过度并存等问题，社会慈善资源在与其他主体联动的过程中难以发挥特有的优势，不利于主体联动机制的建立与健全。

三、主体联动机制不够健全

“五社联动”是以社区为平台、以社会组织为载体、以社会工作者为支撑、以社区志愿者为辅助、以社会慈善资源为补充的现代基层治理行动框架，其内核是发挥多元主体合力，提升基层治理能力，建设共建共治共享的社会治理共同体。“五社联动”相关主体之间的联动机制是影响其联动成效的核心因素，其中任意一个主体的缺位都会影响机制的运作。

“五社联动”相关主体之间关系的理顺，是保证其可持续发展的重要前提和基础。就实际情况而言，“五社联动”中的多个主体自身建设不够过硬，主体之间的边界较为模糊，同向发力、形成强大合力的状态尚未成型，“1＋1＋1＋1＋1＞5”的成效未能有力凸显。“五社联动”工作的推进并非由五个主体简单叠加而成，而是由五个主体基于不同事务进行的充分联动与合作。然而，由于各个主体在自身发展过程中均面临一定的困境，如前文提及的政策支持体系不够完善、人才培养体系不够成熟，致使多个主体之间难以真正形成协作机制、合作机制和协调机制，不利于“五社联动”工作的有效推进。

在社区建设过程中，各个主体基于利益等因素的考虑，以及缺乏督导机制等原因，常常倾向于独自行动甚至"原地不动"，具体且具有操作化的联动机制尚未健全，各个主体难以拧成一股绳，形成强大合力。比如，当下社会组织和社会工作者主要借助政府购买服务的形式进入社区，然而政府购买服务"费随事转"的政策在很多地区未落到实处，经费供给的不及时就导致社会组织和社会工作者因缺乏经费而无法有效开展相关工作。同时，多个主体之间也难以形成有效联动。

第三节　"五社联动"参与基层社会治理的优化与创新

健全共建共治共享的社会治理制度，提升社会治理效能，是推进国家安全体系和能力现代化的重要内容。作为社会治理的基本单元，社区的治理过程离不开基层社会力量的广泛参与，离不开专业人才队伍的有力支撑。作为"三社联动"的延伸与发展，"五社联动"丰富了参与基层社会治理的主体，其联动过程与我国推动多元主体参与社会治理的理念高度契合。换言之，"五社联动"是推动社区高质量发展的重要力量，也是优化社会治理成效的必然选择。当下，"五社联动"工作刚刚起步，在推动过程中存在较多的阻力与挑战。为推动"五社联动"有效参与社会治理，需要从顶层设计、党建引领、专业能力、联动机制和居民参与等多个角度出发，优化、创新联动过程。

一、加强顶层设计，完善政策体系

为推进"五社联动"，实现社区治理多元化、精细化，政府应进一步完善相关政策体系，为"五社联动"工作的有序推进提供制度支持。首先，提高联动主体合法性。政府应多次强调社区、社会组织、社会工作者、社区志愿者、社会慈善资源在社区治理中的重要性，从政策上肯定多主体联动的合法性与必要性，并加以宣传，整体提高“五社联动”在全社会的知晓度与认可度。其次，厘清多个主体边界。“五社联动”主体之间边界的厘清，是各个主体实现联动的重要前提条件。各地区应根据当地实际发展情况，为“五社联动”涉及的五个主体制定具体且细致的政策，包括定位各个主体在社区治理过程中的角色、明确各个主体的工作内容等，避免各个主体的工作出现交叉，影响工作效率。再次，规范分配、使用资金。资金的支持是保证“五社联动”正常开展的关键因素。政府应明确各个主体资金分配、使用细则，以确保资金使用的合理性、合规性。例如，在政策中明确要求各个主体定期公示经费的使用情况，并引入民主监督机制，明确资金的适用范围、用途。最后，建立完善的评估机制。各地区应制定具体化、差异化的评估方案供“五社联动”主体参考。需要注意的是，社会组织、社会工作者等均以弱势群体为主要的服务对象，这些群体并不能在短时间内完成积极层面的转变，往往需要较长的时间。然而，以往的评估周期较短，评估指标较为工具性，常常迫使社会组织（或者社会工作者）陷入专业服务与效率两难的境地。因此，为有效提升专业服务水平和效率，各地区制定的评估方案应兼具工具理性与价值理性，从多个角度检验“五社联动”各个主体的工作成效。

二、坚持党建引领，激发社区活力

“党政军民学，东西南北中，党是领导一切的。”党建引领社区治理是中国特色社会主义基层治理体系的重要组成部分，也是基层社会治理的必然选择。党建引领在整合社会资源、促进各个主体合作、规避潜在治理风险等方面具有独特的优势。就实际情况而言，由于资源有限，社会组织、社会工作者等主体在工作过程中难以实现资源的共享，往往只在自己的圈子里行动。因此，为有效推动“五社联动”参与基层社会治理，需要一个主导者对全过程予以整体性把握并进行协调联动。党建引领“五社联动”是进一步促进多个主体形成合作机制、共享机制的关键力量，在搭建多主体合作网络方面发挥着极其重要的作用。作为社区治理的领导者和引领者，党是激发社区活力、促进社区扁平化治理、推动社区高质量发展的核心。社区、社会组织、社会工作者、社区志愿者、社会慈善资源等主体在服务过程中,应始终坚持党建引领,以确保“五社联动”工作政治方向的正确性。在党建引领“五社联动”的机制下,各个主体能够在扎实做好本职工作的同时,与其他主体形成强大合力,高质量推进现代社区建设。

三、增强专业能力,提高服务水平

社区、社会组织、社会工作者、社区志愿者、社会慈善资源的专业能力是决定“五社联动”成效的关键。因此,为有效推动“五社联动”工作,应着力提升各个主体的专业化水平。

一是社区(社区党组织和社区居委会)。作为社区治理的领导者与引领者,社区应在组织、协调、整合等能力方面具有显著优势。在社区建设过程中,社区应始终坚持以人民为中心,定时召开社区居民代表大会,在为社区居民服务的过程中,要摆脱传统的工作方法,与时俱进,及时、深入了解民生所需,为居民链接相关资源,充分满足居民的合理需求。在协调多方主体参与社区治理的过程中,社区要协调多方主体利益,规范分配、使用资金,同时要与其他主体厘清边界、平等互动,共同推进社区高质量建设。

二是社会组织。作为政府购买公共服务的主要承担者,社会组织的专业能力是决定自身发展与公共服务供给水平的重要前提和基础。在人才队伍方面,社会组织要提高组织成员的深度与广度,即从组织成员数量与质量两个方面同时发力,优化组织结构与公共服务供给质量。在自身发展方面,社会组织应通过开展高质量的社区服务打造属于自己的品牌,从而提高对话资本,与政府形成较为平等的互动关系。同时,社会组织应与其他组织充分互动、共享信息与资源,搭建多元社会支持网络,提升资源存量。

三是社会工作者。作为致力于促进社会公平正义,促使全体社会成员共享社会文明成果的专业人员,社会工作者是推动社区高质量发展的重要主体。社会工作者的专业能力直接影响着社区居民需求的满足和社区居民的幸福生活指数。因此，社会工作者应加强自身建设，实现专业知识的持续输入与优质服务的不断输出。就自身专业能力而言，社会工作者应持续学习专业知识，及时了解社会政策，提升自身专业水平，提高理论与实践相结合的能力。就专业服务供给能力而言，社会工作者应扎根社区，充分了解服务对象的需求，与社区其他主体（如社会慈善资源、社区志愿者等）充分互动，有效盘活社区当地资源，为服务对象提供精细化、个性化、多元化的服务。

四是社区志愿者。社区志愿者提供的志愿服务是丰富社区服务力量、激发社区治理活力、调动居民参与社区治理积极性的重要内容。为进一步提升志愿服务水平，社区志愿者应树立积极的志愿服务理念，提高志愿服务的连续性。社区志愿者应根据社区需求，组织开展多种多样的志愿活动，丰富社区生活，满足社区需求。此外，社区志愿者在协助社区党组织、社区居委会、社会工作者等主体开展服务的过程中，应主动学习各个主体的服务方法，掌握服务技巧，实现与其他主体的高效联动。

五是社会慈善资源。作为第三次分配的主要方式，慈善事业是缓和社会矛盾、稳定社会秩序、促进社会公平正义的重要力量，也是推动基层社会治理现代化的关键一环。社会慈善资源的有效分配能够进一步满足社区弱势群体的物质需求，具有极其重要的作用。进一步而言，当下社区慈善的意义已逐渐超越慈善本身，慢慢渗透到社区治理的方方面面，成为社区治理的驱动力量。慈善组织应进一步优化组织结构，完善组织管理，提高资源链接、整合、协调、分配等方面的能力。同时，慈善组织成员要持续提升服务的专业性与科学性，协同其他主体帮助弱势群体实现物质富裕与精神富足。

四、建立联动机制，发挥主体合力

“五社联动”以凝聚社区力量为抓手，以整合社区资源为关键，以提高社区居民生活质量为目标，以推动基层社会治理为重点。“五社联动”的有效推进，离不开主体之间联动机制的建立。联动机制的建立是社区、社会组织、社会工作者、社区志愿者、社会慈善资源实现联动的关键保障，是高质量推动基层社会治理的重要前提和基础。主体之间的联动并非主体的简单"叠加"，而是要将差异化的力量整合到一个有序的多元主体互动网络中，实现"1+1+1+1+1>5"的联动效果。一是建立多主体之间的合作机制。多主体之间的有效合作是放大各个主体在推动基层社会治理过程中的优势，形成强大合力的关键。比如，社会工作者的专业方法与技巧能够满足弱势群体精神层面的需求，社区和社会慈善资源等主体能够从物质层面帮助弱势群体提高生活质量。进一步而言，多主体在服务过程中，通过深度合作，能够进一步提高社区服务的水平和效率。二是建立多主体之间的协调机制。作为社区的引领者，社区党组织和社区居委会应充分协调社区资源，解决各个主体之间的利益纠纷等，营造良好的联动环境。作为慈善资源的收集者、协调者和分配者，社会慈善资源需要根据社区居民的需求，及时有效地协调相应的慈善资源，提高慈善资源分配的有效性。

五、引导居民参与，提升社区自治

作为社区的重要主体，社区居民参与社区治理的意愿是决定"五社联动"推进成效、社区治理现代化水平的关键因素。"五社联动"在推进过程中的主要目的是解决社区居民问题、缓和社区矛盾，从而提高社区居民参与社区治理的积极性。因此，社区居民参与社区治理既是"五社联动"顺利推进的重要前提，又是"五社联动"推进成效的重要体现。然而，在以往的社区建设过程中，行政力量在社区层面长期占据主导地位，导致社区自治的空间被压缩，社区居民参与社区治理的意愿普遍较弱。因此，为有效提升社区居民参与社区治理的积极性，社区、社会工作者等主体应进一步塑造社区居民的"主体意识"，帮助社区居民认识其在社区治理中的权利和重要作用，提升社区居民的自治能力，激发他们参与社区治理的活力。

"五社联动"是一项复杂的系统工程，需要多个主体的共同参与、推动。当下，由于多种因素限制，"五社联动"在有效推动社区治理过程中存在较大的阻力。在推动“五社联动”的过程中，应从政策方面多发力，为“五社联动”有效参与基层社会治理提供制度支持、人才支持、资源支持等。同时还要充分激发各个主体的活力，促使各个主体实现资源共享、信息共享。“五社联动”的持续推进，能够进一步满足人民群众对美好生活的向往，推动社区治理高质量发展。

参 考 文 献

［1］ 李锦顺.“五社联动”：番禺先行探索概论[M].北京：中国社会出版社，2022.

［2］ 李莉.中国公益基金会治理研究：基于国家与社会关系视角[M].北京：中国社会科学出版社，2010.

［3］ 万江红.农村社会工作如何联动“五社”?：鄂东南花园港村社工站的创建实践[M]//湖北省社会工作联合会.“五社联动”理论探索与实务研究.北京：中国社会出版社，2022：244－249.

［4］ 奈斯比特.大趋势：改变我们生活的十个新趋向[M].孙道章，路林沙，王金余，等译.北京：新华出版社，1984.

［5］ 周慧.基层社区治理中“五社联动”的实践逻辑及路径探索：以合肥市F社区W小区为例[D].合肥：安徽大学，2019.

［6］ 习近平.高举中国特色社会主义伟大旗帜为全面建设社会主义现代化国家而团结奋斗：在中国共产党第二十次全国代表大会上的报告[M].北京：人民出版社，2022.

[7] 湖北省社会工作联合会."五社联动"理论探索与实务研究[M].北京:中国社会出版社,2022.
[8] 《党的二十大报告学习辅导百问》编写组.党的二十大报告学习辅导百问[M].北京:党建读物出版社,学习出版社,2022.
[9] 白志华.社会组织"悬浮"社区的治理进路:从脱嵌到嵌入[J].青海社会科学,2023(1):111-122.
[10] 本刊编辑部."五社联动"熠熠生辉[J].中国社会工作,2022(10):6.
[11] 曹海军,吴兆飞.社区治理和服务视野下的三社联动:生成逻辑、运行机制与路径优化[J].华南师范大学学报(社会科学版),2017(6):30-37.
[12] 陈荣卓,胡皓玥.党建引领社会治理重心下移的逻辑与进路[J].江汉论坛,2023(3):61-68.
[13] 崔月琴,张译文.双重赋能:社区居委会治理转型路径研究:基于X社区社会组织服务中心实践的分析[J].清华大学学报(哲学社会科学版),2022,37(2):175-184.
[14] 党秀云.论志愿服务可持续发展的价值与基础[J].中国行政管理,2019(11):118-123.
[15] 范斌,朱志伟.差异性互补:我国社区基金会合法性获取的比较研究:以两个不同类型的社区基金会为例[J].社会主义研究,2018(3):88-97.
[16] 方亚琴,夏建中.社区治理中的社会资本培育[J].中国社会科学,2019(7):64-84.
[17] 冯德安,牛璐瑶.改革开放以来我国青年志愿服务回顾与未来发展路径分析[J].北京青年研究,2019,28(1):74-80.
[18] 高丙中.社会团体的合法性问题[J].中国社会科学,2000(2):100-109.
[19] 顾骏.打破社会动员的"体制内外"壁垒[J].国家治理,2015(31):43-

48.

[20] 顾永红,刘宇.行政吸纳服务:双重委托代理困境下政府购买养老服务策略研究:基于武汉市“五社联动”经验[J].社会保障研究,2022(2):10-18.

[21] 管志利.合法性与联动性:城市社区治理结构的社会组织嵌入:一个新制度主义的分析框架[J].中共天津市委学校学报,2022,24(1):86-95.

[22] 郭梓焱,李青.制度、能力与服务绩效:社会组织社区服务的三维分析框架[J].湖南科技大学学报(社会科学版),2022,25(5):133-143.

[23] 郝龙.从意愿到行动:互联网使用有助于增进中年群体的志愿服务参与吗?[J].东北大学学报(社会科学版),2022,24(3):61-70.

[24] 何明洁,潘语.资源视角下社区基金对社区治理的作用研究:基于成都市15支社区基金的分析[J].社会工作与管理,2021,21(2):76-84.

[25] 何明洁,潘语.如何构建良好的社区基金生态[J].中国社会工作,2022(31):23-24.

[26] 何增科.中国公民社会组织发展的制度性障碍分析[J].中共宁波市委党校学报,2006,(06):23-30.

[27] 胡红霞,包雯娟.乡村振兴战略中的治理有效[J].重庆社会科学,2018(10):24-32.

[28] 胡小军,朱健刚.社区慈善资源的本土化:对中国社区基金会的多案例研究[J].学海,2017(6):85-92.

[29] 胡小军.社区基金的功能定位与建设路径[J].中国社会工作,2022(31):1.

[30] 黄六招,尚虎平,张国磊.双重吸纳与空间扩展:社会组织的一个生存模型:基于S市M区的多案例比较研究[J].公共管理与政策评论,2021,10(2):113-128.

[31] 黄晓春,周黎安.政府治理机制转型与社会组织发展[J].中国社会科学,2017(11):118-138.

[32] 黄晓春.当代中国社会组织的制度环境与发展[J].中国社会科学,2015(9):146-164.

[33] 湖北省武汉市民政局.汇众智　凝共识　聚合力　以“五社联动”新模式助力武汉疫后重振[J].中国民政,2020(20):14.

[34] 湖北省民政厅课题组.“五社联动”助推基层治理体系和基层治理能力现代化[J].中国民政,2021(17):37-40.

[35] 姜秀敏,李月.“非正式权威”塑造:社会组织嵌入社区治理的三重路径:对山东省Q市F组织开展社区服务的个案分析[J].北京行政学院学报,2022(2):55-62.

[36] 蒋永穆,黄晓渝.中国特色社会组织:内涵厘清与体系架构[J].上海行政学院学报,2016,17(5):67-75.

[37] 金志,戴琬莹.共享发展视阈下“五社联动”的逻辑思维与实现路径[J].厦门特区党校学报,2018(4):58-62.

[38] 蓝煜昕,张雪.社区韧性及其实现路径:基于治理体系现代化的视角[J].行政管理改革,2020(7):73-82.

[39] 李丹.社工参与社区慈善基金运作探索[J].中国社会工作,2022(19):43-44.

[40] 李金海,申丽洋.项目导向下社会组织能力建设研究[J].管理现代化,2018,38(6):34-37.

[41] 李杏果.社区社会组织参与社会治理共同体建设:内在逻辑与实现路径[J].河南社会科学,2023,31(1):70-78.

[42] 李佳颐,陈斯洁,魏朝阳,等.2022年中国民办非企业单位发展报告[M]//黄晓勇,徐明,郭磊,等.中国社会组织报告:2023.北京:社会科学文献出版社.

[43] 李涛.社工如何让社区更美好:来自社区的挑战[J].中国社会工作,

2017(12)：1.

[44] 李涛."赋权"社区　本土情景下"三社联动"建设路径思考[J].社会与公益,2015(10)：42－49.

[45] 李涛.北京：外部专业支持＋社区内在力量[J].中国社会工作,2015(13)：20.

[46] 李涛."三社联动"运转中的挑战及策略[J].中国社会工作,2017(31)：20－21.

[47] 李雪伟,王瑛.社会资本视角下的社区韧性研究：回顾与展望[J].城市问题,2021(7)：73－82.

[48] 刘翠芳.困境与应对：城市社区"五社联动"治理模式研究：以合肥市Q社区为例[J].社会与公益,2020,11(9)：39－43。

[49] 刘芳.党建引领社区协商治理的路径研究：以广州市番禺区为例[J].领导科学论坛,2021(4)：88－93.

[50] 刘佳燕,沈毓颖.面向风险治理的社区韧性研究[J].城市发展研究,2017,24(12)：83－91.

[51] 刘润忠.试析结构功能主义及其社会理论[J].天津社会科学,2005(5)：52－56.

[52] 卢腾,涂敏.探究"五社联动"视角下构建社区治理共同体[J].就业与保障,2022,(4)：61－65.

[53] 罗婧,王天夫.何以肩负使命：志愿行为的持续性研究：以大学生支教项目为例[J].社会学研究,2012,27(5)：94－118.

[54] 漆依林.互联网＋志愿服务：新时期青年志愿服务模式研究[J].青年发展论坛,2019,29(4)：34－42.

[55] 任敏,胡鹏辉,郑先令."五社联动"的背景、内涵及优势探析[J].中国社会工作,2021(3)：15－17.

[56] 任敏,吕江蕊."五社联动"中社区基金的探索与实践[J].中国民政,2022(6)：58－59.

[57] 任敏,吕江蕊."五社联动"的缘起、运作逻辑及其何以促进基层治理[J].社会工作,2023,(06):29-41+100-101.

[58] 任敏."五社联动"参与社区治理的三种模式及其共同特点[J].中国社会工作,2021(10):28-30.

[59] 沈亚平,王麓涵.赶超型协同:走向整合的社区治理:以社区党群服务中心为例[J].理论学刊,2022(1):133-143.

[60] 石晓天.我国枢纽型社会组织的功能特征、建设现状及发展趋势:文献综述的视角[J].理论导刊,2015,(5):85-88.

[61] 孙涛.以"三社联动"推进基层社会治理创新[J].理论月刊,2016(10):148-152.

[62] 谭建光."十四五"时期中国志愿服务发展的十大趋势[J].青年探索,2021(1):27-36.

[63] 谭建光.论青年志愿服务的"双功能":助人与育人[J].中国青年社会科学,2020,39(2):80-87.

[64] 谭建光.中国社工与志愿者合作的模式[J].广东青年干部学院学报2011,25(4):12-18.

[65] 唐文玉.行政吸纳服务:中国大陆国家与社会关系的一种新诠释[J].公共管理学报,2010,7(1):13-19.

[66] 田蓉.从"准资源平台"迈向社区领导者:社区基金会功能三角在地化实践反思[J].河北学刊,2017,37(1):155-159.

[67] 田舒,迪丽孜巴·图尔荪.社区治理"五社联动":内涵、机制与困境[J].湖南行政学院学报,2022(4):101-108.

[68] 田舒."三社联动":破解社区治理困境的创新机制[J].理论月刊,2016(4):145-150.

[69] 万玲.社会组织参与基层治理的动因、困境与实践路径:基于对J社区的观察与分析[J].领导科学,2022(6):107-111.

[70] 汪海玲.以"五社联动"机制推进社工站建设模式观察[J].中国社会工

作，2022(22)：20－21.
[71] 汪静，雷晓康. 韧性能力何以实现：社区风险治理的结构调适与功能复合[J]. 西北大学学报(哲学社会科学版)，2021，51(6)：106－116.
[72] 汪仲启，陈奇星. 我国城市社区自治困境的成因和破解之道：以一个居民小区的物业纠纷演化过程为例[J]. 上海行政学院学报，2019，20(2)：53－61.
[73] 王思斌. 中国社会工作的嵌入性发展[J]. 社会科学战线，2011(2)：206－222.
[74] 王杰，徐选国. 我国社会工作的合法性困境及其路径重构[J]. 中国农业大学学报(社会科学版)，2018，35(2)：41－49.
[75] 王杰秀，黄晓春. 多重转型交汇中的社区社会组织[J]. 社会政策研究，2021(3)：89－107.
[76] 王焕，魏娜，陈俊杰. 志愿服务中的国家动员：基于 CGSS2012 年数据的实证研究[J]. 公共管理评论，2021，3(4)：34－55.
[77] 王建军，叶金莲. 社区基金会：地位与前景：对一个类社区基金会的个案研究[J]. 华中师范大学学报(人文社会科学版)，2006(6)：29－35.
[78] 王智强，陈晓莉，党建引领城市社区治理：实践经验、现实困境与提升路径[J]. 理论导刊，2022(9)：92－97.
[79] 魏君安. 加强社区志愿者队伍建设的思考与实践[J]. 山东社会科学，2015(S2)：16－17.
[80] 文军，方淑敏. 社会工作专业自主性困境及其行动策略：基于社区治理中互动场域视角的分析[J]. 学术界，2022(12)：72－82.
[81] 吴江，范炜烽. “三社联动”社区治理模式的反思与提升[J]. 云南社会科学，2018(6)：154－158.
[82] 夏学娟，王思斌，徐选国，等. 打造现代化的基层治理服务新格局(下)：解读《中共中央 国务院关于加强基层治理体系和治理能力现

代化建设的意见》[J]. 中国社会工作,2021(24): 15 - 17.

[83] 向德平,罗珍珍."五社联动"的运行机制和发展路径[J]. 中国民政,2021(17): 41 - 42.

[84] 徐道稳. 社区基金:"五社联动"中的社会创新[J]. 中国社会工作,2022(10): 14.

[85] 徐飞婕. 浙江瑞安."五社联动"激活政社协作力量[J]. 中国社会工作,2021(34): 38 - 39.

[86] 徐家良,成丽姣."服务激活社会":"五社联动"驱动社会建设的运行模式[J]. 治理研究,2023,39(2): 33 - 45.

[87] 徐家良. 中国社区基金会关系建构与发展策略[J]. 社会科学辑刊,2017(2): 58 - 64.

[88] 徐选国. 嵌入性治理: 城市社区治理机制创新的一个分析框架: 基于对国家-社会关系范式的批判性反思[J]. 社会工作,2015,(05): 55 - 64+126.

[89] 徐选国. 专业自觉与体系之外: 社会工作介入新冠肺炎疫情初期防控的双重逻辑及其反思[J]. 华东理工大学学报(社会科学版),2020,35(2): 10 - 20.

[90] 徐选国,黄景莲. 从政社关系到党社关系: 社会工作介入社区治理的情景变迁与理论转向[J]. 社会科学,2020(3): 68 - 85.

[91] 徐选国. 从体制创新到生态建构:"五社联动"对"三社联动"的传承与超越[J]. 社会科学战线,2024(8): 241 - 250.

[92] 徐永祥,曹国慧."三社联动"的历史实践与概念辨析[J]. 云南师范大学学报(哲学社会科学版),2016,48(2): 54 - 62.

[93] 徐永祥,侯利文,徐选国. 新社会组织: 内涵、特征以及发展原则[J]. 学习与实践,2015(7): 78 - 87.

[94] 徐勇. 论城市社区建设中的社区居民自治[J]. 华中师范大学学报(人文社会科学版),2001(3): 5 - 13.

[95] 许亚敏. 社区社会组织发展及参与社区治理的路径研究[J]. 领导科学,2020(12)：10-13.

[96] 闫薇,张燕. "五社联动"增强社区治理力量[J]. 中国社会工作,2021(3)：12-14.

[97] 闫学芬,韩建民. 基层社会治理中的"三社联动"：机制与流程分析：基于典型城市的实践探索[J]. 广西社会科学,2017(9)：177-182.

[98] 杨贵华,王瑞华. 社会工作与社区自组织能力建设[J]. 科学社会主义,2010(2)：114-117.

[99] 杨琳,陈旭清. 社会组织撬活社区社会资本的行动模式研究：基于C市社区总体营造典型案例的类型学分析[J]. 学习与实践,2022(5)：117-127.

[100] 杨敏. 公民参与、群众参与与社区参与[J]. 社会,2005(5)：78-95.

[101] 玉苗,慈勤英. "倚靠体制,面向社会"：体制外公益组织"准社会化动员"的个案研究[J]. 甘肃社会科学,2013(4)：65-68.

[102] 郁建兴,金蕾. 社区社会组织在社会管理中的协同作用：以杭州市为例[J]. 经济社会体制比较,2012(4)：157-168.

[103] 原珂,赵建玲. "五社"联动助力基层社会治理共同体建设[J]. 河南社会科学,2022,30(4)：75-82.

[104] 张乐. 服务导向的社会工作人才培养模式探析[J]. 社会工作,2014(5)：65-73.

[105] 张敏,胡建东. 提升社区志愿服务质量路径探究[J]. 人民论坛,2020(26)：70-71.

[106] 张汝立,刘帅顺,包娈. 社会组织参与政府购买公共服务的困境与优化：基于制度场域框架的分析[J]. 中国行政管理,2020(2)：94-101.

[107] 张文欣. "五社联动"增强社区支持网络韧性：陕西西安"社工＋志愿者联合战疫行动"的经验[J]. 中国社会工作,2022(19)：19-21.

[108] 张铮,谭婷婷.联动枢纽:治理视域下社区党组织的角色分析[J].西安交通大学学报(社会科学版),2023,43(1):30-37.

[109] 章高荣.中国慈善会系统发展历程、基本问题与功能定位[J].社会保障评论,2022,6(5):119-133.

[110] 赵婉琦,李晗.国家和社会共同在场:公共卫生事件下社会动员机制研究[J].中国卫生法制,2022,30(1):30-35.

[111] 郑功成.中国慈善事业发展:成效、问题与制度完善[J].中共中央党校(国家行政学院)学报,2020,24(6):52-61.

[112] 钟爽,朱侃,王清.公共危机中政治动员运行机制研究:基于2015年以来38个重大公共危机案例的分析[J].政治学研究,2021(2):79-96.

[113] 朱海龙,陈宜."互联网+"背景下精准化志愿服务体系构建研究[J].杭州师范大学学报(社会科学版),2020,42(4):92-98.

[114] 朱华桂.论社区抗逆力的构成要素和指标体系[J].南京大学学报(哲学·人文科学·社会科学版),2013,50(5):68-74.

[115] 朱健刚,邓红丽,严国威.构建社区共同体:社会组织参与社区防控的路径探讨[J].江西师范大学学报(哲学社会科学版),2022,55(4):48-57.

[116] 朱健刚.疫情催生韧性的社会治理共同体[J].探索与争鸣,2020(4):216-223.

[117] PEARSON L, PELLING M. The UN Sendai framework for disaster risk reduction 2015-2030: negotiation process and prospects for science and practice[J]. Journal of extreme events, 2015, 2(1): 1571001.

[118] 胡彬彬.有效推进社会慈善资源融入基层社会治理[N].《光明日报》,2022-12-29(06).

[119] 彭莉莉.让城市生命体焕发蓬勃生机与活力[N].湖北日报,2021-

01 - 12(010).

[120] 李倩男，乾康平. 社工签约家庭　服务足不出户[N]. 中国社会报，2021 - 02 - 18(002).

[121] 孙彦川，王玉瑄. 福州市"五社联动"攥指成拳击破基层治理难题[N]. 中国社会报，2023 - 02 - 01(001).

[122] 武汉市武昌区委组织部. 武汉武昌区推动党员下沉基层常态化，促"三融"共治　建美好家园[N]. 中国组织人事报，2022 - 02 - 21(008).

[123] 北京市社会建设工作领导小组办公室. 关于构建市级"枢纽型"社会组织工作体系的暂行办法[EB/OL]. (2009 - 11 - 24)[2023 - 06 - 11]. https://www.beijing.gov.cn/zhengce/zhengcefagui/201905/t20190522_56696.html.

[124] 国务院办公厅. "十四五"城乡社区服务体系建设规划[EB/OL]. (2022 - 01 - 21)[2023 - 06 - 11]. https://xxgk.mca.gov.cn:8445/gdnps/pc/content.jsp?id=116816&mtype=.

[125] 李昌禹. 全国社区社会组织超过 175 万家[EB/OL]. (2023 - 07 - 17)[2023 - 06 - 11]. https://m.gmw.cn/2023 - 07/17/content_1303442723.htm.

[126] 习近平. 习近平致中国志愿服务联合会第二届会员代表大会的贺信[EB/OL]. (2019 - 07 - 23)[2023 - 06 - 11]. https://www.ccps.gov.cn/xxsxk/zyls/201907/t20190724_133334.shtml?ivk_sa=1024320u.

[127] 杭州市民政局基政处.《杭州市城乡社区"五社联动"工作指引》印发[EB/OL]. (2023 - 07 - 25)[2023 - 06 - 11]. https://mz.hangzhou.gov.cn/art/2023/7/25/art_1530898_58937398.html.

[128] 王平凡，蒋梦婷，宋静悦. "五社联动"开启基层治理高质量发展新篇[EB/OL]. (2022 - 01 - 06)[2023 - 06 - 11]. https://www.mca.

gov. cn/n152/n166/c45083/content. html.

[129] 江岸区民政局，江岸区社会组织孵化基地. 发挥“五社联动”优势，引导社会组织参与，合力办实群众心上事[EB/OL]. (2022-09-01)[2023-07-20]. http://hbwh. wenming. cn/oldweb/ja/202209/t20220901_7782531. html.

[130] 江岸区民政局. 优秀！江岸区这一志愿服务项目获荣誉称号！[EB/OL]. (2021-12-04)[2023-06-11]. http://hbwh. wenming. cn/zyfw/202112/t20211206_7450358. html.

[131] 中共中央，国务院. 中共中央 国务院关于加强基层治理体系和治理能力现代化建设的意见[EB/OL]. (2021-04-28)[2023-06-11]. https://www. gov. cn/gongbao/content/2021/content_5627681. htm.

[132] 陆缘. 武汉花山街开展“慈善惠老暖夕阳”银龄行动，为老人发放77万余元爱心红包[EB/OL]. (2023-01-13)[2023-06-11]. https://baijiahao. baidu. com/s?id=1754915481699188725&wfr=spider&for=pc.

[133] 赵益晨，张大维. 东湖评论：运用“五社联动”机制，促进社区志愿服务创新发展[EB/OL]. (2022-03-04)[2023-06-11]. http://m. cnhubei. com/dhgd/p/14548029. html.

[134] 浙江民政. 金华：“五社联动”提质增效　推动现代社区治理取得新成效[EB/OL]. (2022-11-25)[2023-06-11]. https://m. thepaper. cn/baijiahao_20896172.

[135] 徐家良，许艳，张其伟. “五社联动”体系下的抗疫志愿服务[EB/OL]. (2022-06-10)[2023-06-11]. https://mp. weixin. qq. com/s/np5md5DyaaSgsl3cKiZAmg?.

[136] 颜小钗，许娓. 鄂尔多斯如何用“五社联动”机制破局基层基础工作？[EB/OL]. (2022-07-28)[2023-06-11]. https://mp. weixin.

qq. com/s/6IXKDUSVCLfr01mcGUCXww.

[137] 任敏,吕江蕊.“五社联动”中社区基金的探索与实践[EB/OL]. (2022-04-07)[2023-07-20]. https://mp. weixin. qq. com/s/B-U6NKDW-rH6Vt_kUHWSOw.

后　　记

基层治理是国家治理的基石。统筹推进乡镇（街道）和城乡社区治理，是实现国家治理体系和治理能力现代化的基础工程。2020 年，腾讯公益慈善基金会响应党和政府号召，提供慈善资金，支持湖北开展“腾讯公益 · 五社联动 · 爱满荆楚”社会工作服务项目，以社区为平台、以社会组织为载体、以社会工作者为支撑、以社区志愿者为依托、以社会慈善资源为助推，有效助力湖北缓解“疫后综合征”，提升了基层社会治理效能，为“五社联动”机制建设积累了丰富的实践经验。

2021 年《中共中央 国务院关于加强基层治理体系和治理能力现代化建设的意见》提出“完善社会力量参与基层治理激励政策，创新社区与社会组织、社会工作者、社区志愿者、社会慈善资源的联动机制”，进一步从国家层面明确了“五社联动”在基层社会治理中的角色与作用。

2022 年，为贯彻落实党中央、国务院有关决策部署，进一步发挥“五社联动”参与基层社会治理的作用，在 2020 年湖北省“五社联动”社会工作服务项目的经验基础上，在民政部原慈善事业促进和社会工作司的指导下，中国社会工作学会与腾讯公益慈善基金会合作开展"五社联动·家园助力站"项目，在北京、上海、湖北、湖南、广东、重庆、四川7个省（市）的96个乡镇（街道）试点，以乡镇（街道）社工站为依托，通过"五社联动"机制，以社会工作者为支撑，充分发挥社区基金（会）在整合公益资源、拓宽慈善渠道、改善社区民生、提升社会治理水平等方面的作用，推动共建共治共享的基层社会治理格局逐渐形成。

本书得到了腾讯公益慈善基金会的资助，并被作为"五社联动·家园助力站"项目的重要实践成果，既融合了项目实施经验和特色，也基于近年来各地"五社联动"的实践探索，系统总结和梳理了"五社联动"中的各个主体在基层社会治理中的角色与功能，以及它们有效参与基层社会治理的方法和路径。希望这本书能为广大基层工作队伍进一步深化"五社联动"机制建设、推进基层社会治理创新发展提供指引和参考。

本书从框架设计到成稿，历时一年多，是编写团队集体智慧的结晶。本书由中国社会工作学会秘书长邹学银先生担任主编，华中科技大学向德平教授担任副主编，中国社会工作学会秘书处负责具体策划和编辑。本书各章节的作者及其编写内容如下：王思斌（北京大学）编写序，任敏、吕江蕊（华中科技大学）编写第一章，向德平（华中科技大学）编写第二章、第九章，万江红（华中农业大学）编写第三章，李涛（北京市协作者社会工作发展中心）编写第四章，徐选国（华东理工大学）编写第五章，徐道稳（深圳大学）编写第六章，田蓉（南京大学）编写第七章，童敏（厦门大学）编写第八章。

在这本书出版之际，感谢为本书提供研究成果的各位学者和提供案例经验的实务工作者。由于编者水平有限，疏漏之处在所难免，敬请同人批评指正，以便进一步修订和完善。

编　者

2023年10月